观心实验室 著
银安 绘

疗愈自己的39种方式

偶尔出格

苏州新闻出版集团
古吴轩出版社

图书在版编目（CIP）数据
偶尔出格：疗愈自己的39种方式 / 观心实验室著；银安绘. -- 苏州：古吴轩出版社，2025. 9. -- ISBN 978-7-5546-2703-7
Ⅰ. B84-49
中国国家版本馆CIP数据核字第20255SP750号

责任编辑：顾　熙
见习编辑：张　君
策　　划：周　彤　张禧贤
版式设计：卓伟宁

书　　名：偶尔出格：疗愈自己的39种方式
著　　者：观心实验室
绘　　者：银　安
出版发行：苏州新闻出版集团
古吴轩出版社
地址：苏州市八达街118号苏州新闻大厦30F
电话：0512-65233679　　邮编：215123
出 版 人：王乐飞
印　　刷：河北朗祥印刷有限公司
开　　本：787mm×1092mm　1/32
印　　张：9.25
字　　数：155千字
版　　次：2025年9月第1版
印　　次：2025年9月第1次印刷
书　　号：ISBN 978-7-5546-2703-7
定　　价：59.80元

序：我的心灵与“规则”不和，普通人的“出格”时刻

有没有那么一个瞬间，你感到生活像是一条永不停歇的传送带，一刻不停地将你推向下一站，却让你对每一站的风景变得麻木？当这样的时刻到来，你会做些什么？或许是对着屏幕叹气，或许是在微信朋友圈发一条吐槽动态，抑或只是默默低头继续赶路。

本书为每一个有过这种感受的人提供了答案。

这不是一本教你如何快速摆脱焦虑或立刻实现目标的实用手册，也不是一本“心灵鸡汤式”的励志故事合集。它更像是一位好友，在你焦头烂额的时候，轻轻拍了拍你的肩膀，说：**“嘿，要不，试试停下来，看看生活的另一面？”**

或许你是刚踏入职场的年轻人，或许你是独自生活在城

市中的异乡人，或许你是对生活质量和情绪状态抱有思考的学生或自由职业者。你可能对生命充满期待，却总是感到找不到方向；也可能对生活感到疲惫，却始终不愿就此麻木。**如果你渴望通过偶尔“出格”重新调整与疗愈自己，激发出生命的原初活力，那么这本书正是为你而写。**

本书通过六章，将疗愈的方式分门别类地呈现，每一章都映射出一种特定的生活状态与需求。这些方式不高深、不抽象，更不是遥不可及的奢侈品，而是嵌在日常的点滴中，让每个人都能找到适合自己的疗愈路径。

Step 1:
学会放松，重拾感知

松弛是疗愈的起点。**我们常常因为习惯紧绷而忘记：生活的真正乐趣藏在那些微小而安静的时刻里。**

这一章告诉我们如何慢下来，比如静静地看着春天的茶叶沉到玻璃杯底，踩着秋天的落叶，听落叶发出咔咔声，甚至只是做一次深呼吸，感受空气在身体里的流动。它提醒我们：放松并不是一种浪费，而是一种重新连接自我的方式。

Step 2:
允许自己偶尔“出格”

有时候，适度的放纵是必要的。这一章鼓励我们偶尔摆脱完美的束缚，为生活注入一些无伤大雅的“小疯狂”。

放烟花，对流动的烟火许愿；去 KTV 开一场主题限定的“演唱会”；周六晚上一边喝酒一边看一部搞笑电影……这些行为并不宏大，但它们给了我们在平淡生活中呼吸新鲜空气的机会。

Step 3:
释放被驯化的天性

发泄型的疗愈方式不是让你忽略愤怒或委屈，而是找到一种健康的释放方式，比如搭一座麻将城堡再推倒它，或者在泰拳训练中挥汗如雨。这一章让我们明白：**愤怒和脆弱并不可怕，只要学会以建设性的方式去面对，它们也能成为疗愈的助力。**

Step 4:
在流动中寻找意义

书中有这样一个珍贵的片段：夜游时，听见有人用口风琴吹《送别》，这种不设目的的游荡带来了意想不到的惊喜和安慰。

游荡型的疗愈方式鼓励我们放下日程表和目标，随心所欲地走一走，比如：骑自行车穿越城市，随停随走；或者独自旅行，给自己一个重新认识世界的机会。**这些看似漫无目的的行动，实则让我们与内心重新联结。**

Step 5:
用味觉唤醒记忆与幸福

没有什么是一顿美味的饭解决不了的；如果有，那就两顿。

这一章通过美食带领我们重新认识生活的滋味。

儿时记忆里的“好吃的”、零食配小说、与朋友分享刚出锅的炸鸡……这些简单的幸福都在提醒我们，进食不仅仅是为了填饱肚子，更是对过往美好记忆的唤醒。

Step 6:
整理空间，整理内心

整理是疗愈的最后一步，也是最深层的净化。通过归置物品、拼 1000 片月球拼图，甚至是单纯地看整理视频，**我们不光清理了空间，更梳理了内心的秩序。**

这一章引导我们用整洁的外在环境，唤醒内在的平静与焕新之力。

疗愈并不是一种单一的行为模式，而是一种开放的状态。它没有标准答案，也不需要绝对的时间表。

在读这本书的时候，你就像走进一个朋友的家，她随手端来一杯热茶，和你聊起那些看似不起眼的小事：树叶的飘落、猫咪的呼噜声、汽车经过的街角。

你会发现原来生活并没有你想象中那么坚硬，它存在着很多缝隙，让光透进来。

当翻开这本书时，你也许会发现，它不是在告诉你如何改变人生，而是试图引导你重新感受生活中那些本已存在却被忽略的美好。本书为我们提供 39 种选择，但最终的疗愈方式，却掌握在每个人自己的手中。每一个小故事，每一种小方式，都是在提醒我们：**生活的意义在于发现和选择与自己契合的生活方式，而生命则是一段需要用心感知的旅程。**

希望你在读完这本书后，能在某个不经意的时刻，停下来看一场日落，踏上一次全新的旅程，或者与内心的自我对话，在这种小小的暂停中感受到一种久违的轻松。

在这偶尔“出格”的时刻里，找到属于你的疗愈方式，重新与生活温柔相逢。

目录

第一章

学会放松，重拾感知

第二章

允许自己偶尔"出格"

第三章

释放被驯化的天性

第四章

在流动中寻找意义

第五章

用味觉唤醒记忆与幸福

第六章

整理空间，整理内心

第一章

学会放松，重拾感知

1 学会放松，重拾感知

悦纳自我

城市的霓虹灯永远不会熄灭，人们的脚步也永远不会停歇。我们在钢筋水泥的森林里一刻不停地奔跑，追逐着远方的目标。直到有一天，才惊觉自己早已忘记了最初的模样——那个会因一缕阳光微笑、为一朵花驻足的自己。

正念心理学（Mindfulness Psychology）认为当下的觉知与接纳是通向内心平静的关键。卡巴金博士（Jon Kabat-Zinn）指出，正念不是逃避现实，而是更深入地感知和体验生活的每一个当下时刻。

这种对当下的觉知看似简单，却与人们的生活惯性形成微妙的对抗。人生就像是一场漫长的修行，总在追逐与逃离之间徘徊。白日里，我们戴着精心打造的面具，在人群中穿梭；

夜深人静时，又开始质问镜中那个疲惫不堪的自己。

学会放松，是一种难得的智慧。当焦虑、愤怒、恐惧等种种情绪来袭时，不必急着将它驱赶，而是以觉察的态度温和地接纳它，让它如同走过庭院的风，自然地来，悄然地去。

重拾感知，需要时间的沉淀。**正念认知疗法（MBCT）为我们提供了一个重要视角：通过培养对当下体验的觉察，我们可以重新连接生活中的每个细节。**

生活中的光影交错总是令人着迷：

或是走在雨后的街道上，踏过湿漉漉的青石板；

或是路过花店门口，任由馥郁的花香萦绕鼻尖；

抑或只是坐在窗前，静看云卷云舒。

这些不经意的生活片段，确实是当下值得被珍视的时刻。**研究表明：正念练习能显著降低压力水平，提升幸福感，增强情绪调节能力。**在纷扰中寻找宁静，正是正念练习的绝佳方式，就像在喧嚣的街市中偶然探索到一座幽静的庭院。

培养正念，需要几分执着，也需要几分豁达：

要像对待初恋那般温柔地对待自己，接纳缺憾与不完美；

要如同守护一盏长明灯，让觉知的火焰永不熄灭；

更要学会敞开心扉，让爱与理解如涟漪般扩散。

真正的正念练习不是追求特定的状态，而是培养对生命本然的觉察与接纳。

岁月静好，现世安稳。正念的练习，如同细水长流，润物无声。当我们终于学会放慢脚步，便能在繁华落尽处，寻得内心的栖息地。

第一天重启人生挑战

这世界终究太匆忙，而我们的心，本该是一片宁静的港湾。通过正念练习，我们可以重新找回与自己、与世界真实相处的方式。

列出你最近顺利完成的五件事情，
即使是微不足道的事：

1. ______

2. ______

3. ______

4. ______

5. ______

一边点头，一边赞许自己："你做得很棒！"
这是一种简单而有效的打破大脑原有回路的办法。

2 等茶叶落下去，等它舒展开

幸福可以“慢慢来”

小时候看大人泡功夫茶，总觉得是一件天大的麻烦事。

摆茶台、备茶具、择茶叶，等水沸腾，所有器具都要经过一遍开水的洗礼。第一冲还不能喝，得倒掉。入口前先观察茶的颜色、闻茶的香味，最后才品尝……这套流程在孩子看来实在无法理解，他们觉得还是冰箱里拧开就能喝的冰可乐最好。成年后才懂得，那套看似繁琐的仪式，实则是通过物理的延迟来构建心理缓冲层——在等待茶叶舒展的过程中，我们终于与时间和解。

木心说：“从前的日色变得慢，车，马，邮件都慢。”而在如今的时代，人们总在奔赴下一个时间节点，做完一件事还有千百件事情需要去完成。

学生时代，天蒙蒙亮就起床赶着去学校；踏进职场，每天上班都争分夺秒，生怕耽误了打卡；连外出拍照也不愿意等待那段拍立得的显影时间。

慢，成为一种奢侈的放松方式。

为了想象中“未来的幸福”，有人积年累月，忍辱负重。**那个永远悬浮在眼前的目标被铺垫得太久太久，久到让人分不清真伪，却认定那就是毕生所求。**

在积极心理学家马丁·塞利格曼（Martin E. P. Seligman）提出的幸福感公式中，积极情绪、成就感、全心投入、人际关系和意义等五大影响幸福的因素相互关联、相互影响。如果一直追求某个遥不可及的目标，成就感的持续缺失会引发一系列消极情绪，进而影响人际关系，丧失对人生乃至生命的意义感。

或许，为了更切实的幸福，我们真正需要的，是慢一些，但能够看到成果的事情。

春日时节，不妨试一试去泡一杯茶。

看着茶叶在杯中翻滚、舒展、下沉……过程虽然有些缓慢，但等茶叶沉到杯底的时候，清香已萦绕鼻间，轻啜一口，便能品尝到那一抹苦涩后的回甘。

慢慢亦漫漫，漫漫亦灿灿。

正是这些不足为外人道的满足感，构成一点一滴切实的幸福，而不是荒谬地把人生的意义质押给某种虚无。

第二天重启人生挑战

尝试去做一些“慢慢来”的事情：

- 清晨赖会儿床，感受阳光透过窗帘的温度；
- 周末慢悠悠地去超市挑选食材，精心准备一顿饭；
- 睡前放下平板电脑，翻开床头摆了很久的那本书阅读；

…………

找到属于自己的、能让时间慢下来的仪式。

快慢交替，节奏适宜，日子才能好好过下去。

香香鸡腿小区阿春茶水
绿茶
乌龙
铁观音
糙米薏仁
我们是隔壁酸酸鸡爪市的，在平台上看到好多探店博主推荐这家小众茶水摊，我们专门来打卡！
代排！代排！
代排黄牛不要来！
我看最近的评分都不高，要不换别家吧！
等会儿我要拍这个角度，记得在旁边帮我打个光！
怎么火了也不早点营业呀？下午我还要拍咖啡店和麻辣香锅店的探店视频！
明白明白，等会儿记得提一下“刷火箭”呀！

阿春老板要现场沏茶！
他一定有独门配方！
我能给家人们直播喝第一杯茶，太幸运了！新来的家人点点关注！
大家看这香香的新茶叶，被热水激发出无限魅力！
让我一口喝完！干了啊，家人们！
家人们！避雷！难喝！就和白开水差不多！太烫了！
天啊！
果然又是营销！

白开水有什么好喝的！肯定因为茶叶不好，泡不出味道！
走了走了！现在还赶得上去喝新出的苦瓜味香芋奶茶！
阿春，我又来啦！我想要一杯绿茶，温一点的！
没问题！但是你需要多等一会儿哟！
等茶叶落下去，等它舒展开。

多给一点时间，
多抱一点期待。

让茶叶的香气升上来，
心情也舒展开来。

茶和生活一样，
慢一点儿品才有滋味。

3 GAP HOUR（间隔小时）

清理心灵缓存

“Please mind the gap.（请小心缝隙。）”—— 这句写在地铁站台上的提示语，每天都陪伴着无数城市的通勤族。

而在当下的年轻人中，“gap”一词有了新的内涵，代表着人生不同阶段之间的“缝隙”。譬如在毕业之后选择去旅行三个月而不是直接进入职场，或是辞职之后给自己放个长假，争取一次休息的机会，这些都是对生命节奏的一次温柔打断。

朋友小曾在大学毕业之后无缝进入大厂工作，他的三年职业生涯就像是不带标点符号的长句。三年间他休息的时间屈指可数，每天不是在上班，就是在去加班的路上。直到某次，他在外出拜访客户后，发现距离下班还有几分钟。平日里小曾一定会抓紧时间联系其他客户，那天他却偶然路过一个开满樱花的公园。

春风拂过，樱花瓣如同雪般飘落。

“在这一瞬间，麻木的心好像重新活过来了。”

他后来这样形容。

想想过去无数个夜晚，回到家草草吃完饭，第二天继续重复相同的轨迹。三年时光，足以让人对那些琐碎的美好失去感知。

他静静地站在樱花树下，手机铃声一如往常地不断响起，但这次，他选择忽略。

小曾从地上捡起一片樱花瓣放在透明的手机壳里，同时在心里做了一个决定：以后每天要留给自己一小时的“吸氧时间”。

是的，生存很重要，但请记得：生活，同样重要。

心灵的休息是灵感的源泉，它让我们能够更清晰地思考，更充分地感受生活。在成为“无趣”的大人之前，不妨每天给自己保留一小段放松时间，把沉重的日子敲开一条缝隙，让心钻出来透一口气。

心理学上讲，在神经长时间处于高度紧张的状态之后，人的注意力与记忆力便会下降，对周遭事物的感知能力会逐

渐弱化，工作效率也会急剧降低，最终陷入机械化的生存状态。这种时候所需要的，正是一道“缝隙”。

在这段时间里，暂时放下所有“不得不做”的事，彻底放空，感受思绪从高压中回落，浑身的血液重新回归温热。

第三天重启人生挑战

别让毫无喘息余地的奔波磨灭掉心中的期待——关于生活，关于未来，关于下班后的那场日落。

今天暂时不赶路了吧，停下来，感受一下路。

这位小狗，你哪里不舒服呀？
医生，我上班后觉得每天都好没有意义，心情也差，该怎么调理呢？
我开一个疗程的方子给你，你每天严格按方子做，并记下你的感受，一个月后来复查！
处方笺：
你需要做一些小事，并记下你的感受！
医生，抱歉！可以讲一下这方子吗？我看不懂……
没问题！对了，你要走医保报销吧？

一、坚持每天吃一顿
营养丰富的早餐！
包子好好吃！原来有好多人早早唤醒新的一天！
二、每天拍下一种植物！
春雨、夏日、秋风、冬雪，小草和花朵最先知道。它们会讲什么悄悄话呢？
三、尝一些新口味！
我把每天都喝的冰美式换成了从没喝过的拉花拿铁，好喝！想试试自己拉花！

四. 观察身边的小动物！
你好！
我交了很多新朋友！
五、摘下耳机，听听城市的声音。
BUS
我是融入城市海洋的水滴，是组成人间涛声的一个音符。
(不要偷听吧？)
我要怎么回这段消息呢？
哇！是感谢信呀！
六、抬头，多看看每天的天空！
我看到了满月！今天的月亮，和恐龙们看到的月亮是一样的吧？

这位小狗，看来你恢复了不少呢！
是的！我发现了空闲时间的力量！
幸福像闪着光的微尘，一直在我身边。
重要的是发现幸福的能力，以及寻找幸福的时间。
我需要空闲时间，去寻找身边的幸福。

谢谢医生，妙手回春！我甚至发现我还可以更加幸福！
嗯？展开说说。
我想用更多时间，去用心感受这个美好的世界！
去热爱生活！
大鼻头狗

4 彩霞鉴赏指南

天气是每个人的“自传性记忆”

你是否有查看所在城市的天气预报的习惯？

致欣在苏州居住的时候，常趁着大好春光，到茶山的幽静之处踏青。那里游人稀少，许多茶农都在那里生活。他们对天气非常关注，他们的生活节奏也与天气紧密相连：如果当天是晴天最好，适合作物生长，他们便忙于照看茶园；雾天的话就搬个竹凳在树下喝茶；倘若刚下过雨，则可以去山里寻觅新鲜的蘑菇和竹笋。

在与茶农们的交流中，致欣渐渐领悟到，天气的变幻会带给人们截然不同的生活体验。

后来每天在睡前，致欣都会打开手机看看天气预报，时间久了竟养成了一种奇妙的能力——根据当前的温度、湿度和天空的状况，大致预测到第二天的天气。

致欣喜欢小雨天，撑着伞去散步，凉快又舒适。

后来她去过很多不同的城市，发现不同的城市适合不同的天气。雨后初霁的青岛最具海滨城市的风光，蓝天碧海与标志性的红房子呼应，是它独有的城市记忆；于杭州等一场落雨，陶醉在诗意氛围中，感受“烟雨入江南”；北京的雪天最美，朱红宫墙、鎏金砖瓦、簌簌白雪，历史的厚重，被缓缓飘舞的雪花稀释。

除却旅行或工作变动，成年人很少有机会频繁体验不同城市的生活。但我们随时可以仰望云、感受风、凝视落日——这些看似最稀松平常却美好的自然馈赠。

对自然细微的感知，让我们在日常生活中不断体验到生活的美好。

心理学家塔维（Endel Tulving）提出了一种记忆分类——情景记忆（episodic memory），它属于每个人的“自传性记忆”。这种记忆存储着每个人在特定时空中的经历。与机械记忆不同，情景记忆可以轻松地被长期保存在脑海中。

也就是说，日复一日的朝阳，或许不会给你带来强烈的情绪波动，因为无论如何，第二天太阳会照常升起，一点也不稀奇。但在未来某天，你猛然惊觉：大学暑假，和朋友共同见证的那场海边日出，早已成为生命中最珍贵的回忆。

是的，这些都是大自然悄悄地在生命之书上写下的注脚，只是有时需要时间来显影。既然无法延展生命的长度，不如增添它的厚度，让每一页都沉淀着光阴的故事。

多去感受吧。感受风吹拂，感受雨滴落在肌肤上的触感，感受看到彩虹和落日那一刻内心的柔软。

总有一天，这些感受会滋养你——以感动、温暖且厚重的回忆。

第四天重启人生挑战

1. 积极规划：了解第二天的天气，如果是自己喜欢的天气，就抽空去做喜欢的事情。带着期待入睡，迎接预定好的美好一天。

2. 养成习惯：连续二十一天每天查看天气预报，并根据天气情况规划行程。

3. 天气分享：与他人分享各种天气下情绪的差异，与外界建立具体可感的连接。

让关注天气这件小事成为生活的一部分，这不仅是对自然的敬意，更是对生活的热爱。

不如去感受天气和内心，
为自己一周的心情晴雨表涂色。

将狗头涂满色彩，并为它加个小表情。

不同的颜色表示你正经历的不同情绪类型。

亮色代表积极愉悦的心情，如开心、幸福；

暗色代表忧郁低落的心情，如焦虑、悲伤、愤怒。

	心情	事件
星期一		
星期二		
星期三		
星期四		
星期五		
星期六		
星期天		

谁在说话？
我有一个愿望！我想开一场个人演唱会！

我在这里！
我一直在为这个愿望努力练习！请你听我唱首原创歌曲吧！

吸气——
聆听
静——
稍等，
需要等一阵风。

起风了！
我要开始唱啦！

我的宝藏地马上就到了！
这片树林的叶子被风吹动的声音听起来超级舒服，所以带你来听一听！
确实！就像演唱会上的掌声！

5 “我和大爷都是地坛公园散淡的人”

找到自我，固守自我

“我本是卧龙岗散淡的人”——当这句戏词从老式收音机里飘出来的那一刻，楚楚忽然明白了些什么。

在这个 KPI（关键绩效指标）横行的时代，“散淡”似乎带了贬义。但此刻，看着那位坐在地坛公园的长椅上，沉浸在京剧中的老者，她第一次觉得“散淡”是一种如此美好的状态。

一直以来，楚楚总是那个不符合优绩主义规则的人——她不爱赢，不喜欢比较，不追求更高、更快、更强。父母说她不上进，同事讲她不合群，这常常让她感到难以言说的委屈。

但从心理学的角度来看，这种“不合群”恰恰展现了高度的自我意识（self-consciousness），即一个人如何理解

自己的性格、感受、动机和欲望，并做出相应行为的过程。它对人格的形成、发展起着监控、调节和矫正的作用。每个人的性格特质就像指纹一样独特，强行改变反而会导致心理失调。

事实上，人不是因为与众不同而失去价值，恰恰相反，正是与众不同，才让每个人都具有独特的价值。

赫尔曼·黑塞在《德米安》中写道："觉醒的人只有一项义务：找到自我，固守自我，沿着自己的路向前走，不管它通向哪里。"有人精力旺盛，努力在名利场厮杀，在一次次胜利中汲取多巴胺的快感，用一座座奖杯堆砌人生的高度——这当然是一种精彩的活法；但也有人天性散淡，喜欢收集世界各地的冰箱贴，认为最好的生活就是下午五点下班后能够散步回家。

那天，当楚楚坐在老者身边，听完整出《空城计》时，她豁然开朗：生命不是一道非黑即白的选择题。诸葛亮可以运筹帷幄，也可以隐居南阳；李白可以醉卧青州，也可以仗剑天涯。

都说勇敢的人先享受世界，这里的"勇敢"，不是达到世俗意义上的成功标准，而是允许自己成为"异类"，成为"你

自己可能成为的一切”。

坚持做独一无二的自我，就是自己星球上最大的成功。

第五天重启人生挑战

每个人都有权利找到不被多数人理解、独属于自己的最好的生活状态。

在被劝说着去做自己不喜欢的事、过不喜欢的生活时，认真地告诉对方：“请你不要管我，我有自己要走的路。”

请记住：不是所有的路都要通向罗马。

觉醒的人只有一项义务：
找到自我，固守自我，
沿着自己的路向前走，
不管它通向哪里。

——［德］赫尔曼·黑塞

兔兔姨是香香鸡腿小区的一位普通的退休阿姨。
大鼻头，我多腌了一些酸菜，来我家拿点儿吧！
谢谢兔兔姨！
最近没怎么见到你呀！
唉，最近经常加班，有点儿忙！
忙点儿好！不过也得多多休息，别太累啦！
嗯！等忙完这阵子就好啦！
兔兔姨很喜欢做酸菜。
退休后闲暇时间变多，而腌酸菜恰恰需要足够多的时间。
时间的味道是酸酸的。

没关系的，兔兔姨，年龄、技巧，这些都不重要。
重要的是，把时间用在喜欢的事情上，
让自己快乐。

忙完工作，已经过去了一阵子，
终于有机会出门走走，来到香香公园。

原来是兔兔姨在唱戏。
皓月当空……
恰便似嫦娥离月宫……
奴似嫦娥离月宫……
好！
好！
好！！
她美得像嫦娥一样。

6 咔嚓咔嚓，踩在秋天的剪影上

即刻满足与延迟满足

禾木是个新疆女孩，自从高中毕业到上海读大学后，她已经十多年没有经历过故乡的秋天了。

记得刚到上海时，她操着一口浓重的乡音，一开口就能听出她的来处。离家的日子渐长，禾木身上故乡的色彩越来越淡。但在心里，她一直很想念那个秋天漫山遍野都会变成金黄色的地方。

随着电视剧《我的阿勒泰》热播，同事们兴致勃勃地策划着去新疆旅行，问禾木要不要一起。没有一点迟疑，禾木立刻答应了。但那一刻，被压抑的委屈也在心底蔓延：她竟然要以“游客”的身份，重返那片生她养她的土地。

现代人常常因为追求事业、社会地位，而忽视了最基本的情感需要。禾木也是如此，要用成功来证明自己没有虚度光阴，要用物质来安抚父母的期待。

20 世纪 60 年代，美国斯坦福大学心理学教授沃尔特·米歇尔（Walter Mischel）通过棉花糖实验提出“延迟满足”的概念，是指个体能够克制当下的欲望，为了更大的长远利益而主动推迟需求的满足。但需求长期得不到满足，情绪就会陷入低迷，失去继续做事的动力。长此以往，不仅会让你难以获得真正的满足感，还可能让你与眼前的美好擦肩而过。

远方越是遥不可及，内心的妄念就愈发膨胀，我们便永远都走在追赶的路上。

到达乌鲁木齐后，他们一路游玩，路过了那个禾木曾经无比熟悉的小镇。她对同事说，她的名字其实和她的家乡同名，她们现在站立的地方，就是生养她的土地。

天空依然是记忆中那种令人眩晕的蓝，远处的白桦林在秋风中摇曳，金黄色的树叶纷纷扬扬地落下，像展翅飞舞的蝶。

她学着小时候的样子，在山坡上奔跑，故意踩着地上的落叶。咔嚓咔嚓，每一声都像是一句温柔的问候：

“辛苦了。”

“欢迎回家。”

眼泪悄然滑落。这一刻，一切世俗的衡量成功的标准都失去了意义。

禾木忽然想通了：人生不是一场非赢不可的比赛，有时候，驻足喘息才能看见沿途的风景。

真正的人生，往往藏在那些微不足道的事物中。或许是一片被踩碎的落叶，或许是故乡的一缕炊烟，又或许是父母脸上浮现的笑纹。

回程的飞机上，禾木悄悄放下了心里的那块大石。她依然会为了更好的生活而奋斗，但不会再把自己困在“以后再说”的牢笼里。

因为她知道：**有些幸福，不能等。**

第六天重启人生挑战

《抓落叶》中说：“也许我只想吃个三明治，或者给亨利喂食，或者走到小溪边听青蛙的声音，或者看看报纸上萨莎的最新谜题。通常都是一些简单的事情。就一刻。而这一刻，就是真正的人生。”

请跟随指令完成这项活动：

深呼吸

闭上眼

放松下巴

伸展四肢

长舒一口气

何为剑气？听好，
我只教这一次！
唰
飞花落叶，
剑似流星！
唰
秋雁归林，
风尽峦冈！
唰
剑人合一，
所向披靡！

这位小狗，我要打扫这里，请让一让！
拜拜！
左看
右看
我也来踩一踩！
好酥脆的落叶！

7 养小动物就是不停给出我想得到的爱

爱，是用生命影响生命

你养过小动物吗？或者，你有没有想过与小动物温暖相伴的情形：两只圆滚滚的小狗，一只慵懒的猫咪，跟你亲得不得了？

当你结束忙碌的一天，推门而入，它们便迅速冲过来，围在你的脚边撒欢、打转。自从有了它们，逛街时你总会不自觉地被宠物店吸引。为了能多陪它们，你开始婉拒无意义的应酬。品怡就是这样的女孩。

工作日上午，晨会开始半小时后，她才抱着文件袋匆匆推开会议室的门。后来大家才得知，她在上班途中遇到了一只受伤的流浪猫。把猫送到宠物医院，预约好检查之后，她才赶去上班。

有同事不以为意地随口说道："何必为了只动物耽误工作？"他们却不知道品怡的成长经历。

品怡的童年是在偏远山村中度过的，作为留守儿童，她与奶奶相依为命。没有父母庇护的她常常成为同龄人欺负的对象，久而久之，她变得沉默、内向。在那段孤单的岁月里，陪伴在品怡身边的只有同样孤单的流浪动物。

童年创伤，往往会在成年后以某种方式寻求补偿和治愈。品怡对小动物的呵护，某种程度上是在重新养育那个孤单的自己。她为它们提供温暖的住处、营养的食物和可爱的玩具，细心照料着每个小生命。这种付出不仅是对过往的治愈，更是对自我的重塑。

爱，是在他人身上看到自己，进而用生命影响生命。

在心理学中，安全感是一种从恐惧和焦虑中脱离出来的信心，是一种需要与被需要的安定感，是安全和自由的感觉。

成年后，童年的阴影虽然已很少出现在品怡的梦里，但在她的内心仍有某一部分，被永远留在了那个遥远的村庄。而在与小动物相互依存、彼此需要的关系里，她才真正感受到，自己已经告别了过去，成为一个有能力给予爱与保护弱小的人。

在这个世界上，爱与恐惧是两种极具影响力的情绪力量。恐惧带来不安与退缩，而爱则激发希望与勇气，带来积极的情绪和安稳的心境。在与小动物相处的过程中，我们既是给予者也是接受者，在养育它们的过程中也在治愈过去的自己。

我们需要理性和秩序，也需要棉花糖和猫咪。

当你感到孤单和焦虑，仿佛被生活的重压包围时，不妨在自己的小世界里，养养小猫小狗，也一点点养育自己的心。

每一个生命，都值得被温柔以待，而爱，是世界给予我们最美好的礼物。

第七天重启人生挑战

与小猫小狗的互动能带来天然的治愈效果，而“无条件付出爱”的能力更是自我成长的重要标志。在亲密关系这堂人生必修课上，小动物教会我们：爱与被爱都是内心的养分。

愛，
是在他人身上看到自己，
进而用生命影响生命。

8 冷静，冷静，深呼吸

在不确定中重构生命节律

生活中，存在着不确定性。就像在科技高度发达的今天，虽然天气预报的准确度不断被刷新，但仍然无法精准地预测天气。

生活从来不按剧本表演，永远充满即兴或是荒诞，而我们都是临场发挥的演员。

二十八岁的平卉，三个月前刚升任部门主管，手底下带着三个员工。作为新杭州人，她用五年时光在这座城市站稳脚跟，她在郊外租下一套带露台的房子。平日里，她享受着朝九晚五的节奏，下班后浇浇花、散散步，日子过得恬淡而从容。

然而最近公司业务突发波动，无休止的加班吞噬了所有人的业余时间，工作成为生活的唯一主题。大家都变得紧张、压抑、疲惫不堪。那晚十点，平卉结束了一天繁重的工作，正准备回家，无意中发现组里的一个员工在偷偷抹泪。女孩手中握着已凉透的奶茶，睫毛膏晕染，女孩的眼睛成了熊猫眼。

平卉一阵心疼，仿佛看到了当年的自己，她轻声对女孩说："明天下午请半天假，去里西湖走走，什么都别想。"

心理学研究表明，个体对不确定性的耐受能力与焦虑水平呈负相关。曾经平卉便是典型的低耐受高焦虑者，任何计划外的变动都能轻易将她抛入混乱的旋涡。"未来会如何发展？""我的职业道路该怎么走？""我能否过上理想中的生活？"这些问题不断侵蚀着她的安全感，令她焦虑到几乎窒息。

后来，每当情绪陷入低谷时，她便骑车去里西湖，绕开熙攘的游客区，到湖光山色、鸟鸣相伴的僻静处。在那里，空气中弥漫着水汽，每一株植物都在肆意呼吸。这时，平卉会刻意放慢呼吸，对着水面的倒影轻声说：**"看那棵无患子树，它根本不会预测风的路径，只在当下舒展根系，把每个山雨欲来的时刻都转化为生长的契机。"**

早在人类掌握预测气象的方法之前，植物便已通过各种方式进化出最适宜生存的形态。这并非优胜劣汰的冷酷法则，而是生命与未知和解的智慧。

神经生物学研究表明，适度的压力实际上能促进大脑神经元突触的可塑性，就像树木的年轮，最密集的纹路往往形成于经历风暴的年份。年轮的宽窄，是树木对自然的回应；人生的起伏，是我们在困境中成长的痕迹。

当我们暂时从无法改变的困境中抽离时，深吸一口气，感受新鲜的空气进入身体，把思绪聚焦于那些能让我们暂时感到安定的事物上，在混沌中慢慢重建内心的秩序。

生活中的突发状况，犹如突如其来的暴风雨，无法完全避开，但我们可以选择像一棵树一样，生长出更强壮的枝干，来抵御未知的风雨。

第八天重启人生挑战

深呼吸能显著增加血液含氧量，促进二氧化碳排出，降低交感神经兴奋性，从而达到情绪调节的效果。一项针对 42 名受试者的研究显示，18 分钟的正念呼吸练习能有效减少思维反刍（反复思考消极事件），缓解抑郁症状。这证实了呼吸调节在心理治疗中的积极作用。

这样你就会变成一个轻飘飘的气球啦！

飞过金黄的麦田，
麦子的香气诉说着大地的丰饶。
乘着清新的海风，和海豚朋友一起做游戏！
潮湿幽暗的森林苔藓的味道——你孤独太久了吧？

多多深呼吸吧！
与自然的灵魂相连，
感受万物自由
的脉动。
谢谢风带我飞翔！
下次再一起玩呀！

第二章

允许自己偶尔“出格”

1 持续释放，主动创造

定期、主动、强行"自我放纵"

在这个快节奏、高压力的时代，几乎每个人都被裹挟着一路向前。我们被无数的"必须完成"和"必须做"推向了极限，甚至不敢停下来喘口气。工作、家庭、社交……层层叠叠，无休止的奔波与忙碌构成了我们的日常。长期的高压让我们渐渐丧失了对生活的热情，情绪开始变得压抑，身体也开始发出疲劳的信号。

自我效能感是心理学家班杜拉提出的一个重要概念，它指的是个体对自己能否成功完成某项任务的主观判断。当我们长期处于高压状态时，很容易产生"我不行"的自我认知，从而导致自我效能感的下降。**定期的"自我放纵"，可以让我们暂时从任务和目标的压力中解脱出来，重新审视自己的能**

力和价值。这种短暂的“逃离”，能够帮助我们重新积累能量，提升自我效能感，从而在回归生活和工作时更有动力和信心。

那么，该如何走出“放纵—自责—下决心—放纵”的怪圈呢？

定期规划“放纵时刻”

首先，明确“放纵”的定义：**“自我放纵”并非一种毫无节制的行为，而是一种有计划的自我关怀。**通过给自己设定界限，让自己能够在规定的时间内放松，享受生活中的“小确幸”。我们可以将“放纵时刻”纳入自己的生活日程，就像安排工作项目和社交活动一样。那些看似微不足道的事，却能在日积月累中成为我们心灵的避风港。

主动寻找“自我放纵”的方式

“自我放纵”的方式因人而异，关键在于找到真正能让自己放松和愉悦的方式。在休息时间充分放松，品味一杯香浓的咖啡；与朋友分享一段搞笑的短视频；闭目养神，给自己播放柔和的音乐……重要的是，我们要主动去探索和发现那些能让自己的心灵得到慰藉的方式。

主动打破“忙碌模式”

在现代社会中，我们很容易陷入一种“忙碌模式”，不断地被各种任务和目标驱使。然而，这种模式往往会让我们忽视自己的内心需求。因此，我们需要有意识地打破这种模式，给自己一个“暂停”的机会。

第九天重启人生挑战

定期、主动、强行“自我放纵”，听起来似乎有些违背常理，但却是一种深刻的生活智慧。

它其实是让我们在忙碌的生活中停下脚步，恢复对身心能量的自我关爱。

在复杂的世界中保持自己的节奏，享受简单的幸福和宁静。

持续释放，

直到自由。

2 只有微醺的时候，风才是风

偶尔让感性接管理性

在讲求效率的当下，“允许自己放松”，也是快乐生活的一种能力。

生活中有一种常见的心理现象——自我苛责。它是指当个体设定过高标准，并因未达预期而陷入持续自我批判的心理模式。自我苛责的人，精神长时间处于紧绷状态，面对松懈可能引发的负面效应，唯恐避之不及。

可人不是机器，张弛有度才是长久之计。

作为一名职场精英，安然深谙“效率至上”的生存法则。在工作日，她是行业里出了名的“拼命三娘”：一丝不苟地对照着冗长的待办清单，力求在 deadline（最后期限）前，将每件事都做到极致。然而，一到周末，安然就如同“人间蒸发”

般，面对同事或领导甩过来的工作，她总是淡淡地回复："工作日再说，好吗？"

因为这时候，是独属于她的微醺时间。

周五晚上，安然会敷张面膜，早早睡觉。第二天神清气爽地起床，去街上漫无目的地闲逛，顺便买些喜欢吃的东西。卡着周六最爱的脱口秀节目开播的时间回家，将食物在桌上摆好，打开电视，把手机切换成勿扰模式，从冰箱里拿出早已冰镇好的梅子酒，倒入精致的酒杯里。

电视里刚好播到一个好笑的段子，那天买的烧烤和水果都很合胃口，梅子酒酸甜适中。

一切都正好，安然便自然而然地进入微醺时刻。

微醺，是一种介于理智与放纵之间的合理放纵。它既留存了一部分必需的理智，又让人不至于被理智束缚。此刻，那些平日里被我们过度关注的本不重要的事，统统被调成"静音模式"。**而快乐、轻松、愉悦，在更为敏锐的感知之下被恰到好处地放大。**这种介于清醒与迷离之间的微妙状态，像是把生活调成了 0.8 倍速。

安然站起身来，望着窗外，平常觉得吵闹的广场舞音乐此时竟也生出些许欢愉。身体在静谧中轻轻摇晃，烦恼在不知不觉间被推开。

这一刻，她不必当谁的下属，甚至不需要做那个完美的自己。**她只是一个沉浸在当下的灵魂，任凭暮色温柔地将她包裹。**

从心理健康的角度来看，这种有节制的“出格”恰恰是一种理性的自我关照。它像是给紧绷的弦松一松，让心灵在短暂的逃离中获得喘息。

就像安然说的那样：**“不是所有快乐都需要被分享。有时候，一个人的微醺时光，才是最好的自我对话。”**

而对这样完美的一天的期待，支撑着安然度过一周。

第十天重启人生挑战

玛丽·奥利弗曾言：“你到访这个世界也可以这样行事：放轻松，任由阳光盈满你，然后闪亮。”

生活的选择权早早地交到每个人手中，如何过好这一生，是我们一生都要直面的课题。关于人生，我们每个人都有办法——张弛有度，学会放过自己。

我们今天要干一件大事！
准备好了吗？
当然！
我等这一天
很久了！
行动！
尝试喝酒！

舌头辣辣的，味道好苦，酒真的好喝吗？
是不是因为喝得不够多？
身体突然轻盈了！头脑变得超清醒！
灵魂都自由了！我要统治世界！
人生得意须尽欢，莫使金樽空对月！
诗酒趁年华！

无所谓，此时此刻，你我的快乐即为永恒！
仿佛听到遥远时空的回音，命运向你我奔涌而来！
啊——
温馨提示：未成年人及小狗、小猫禁止饮酒！

3 对流动的烟火许下永恒的心愿

希望，通过我们的生活继续存在

海桑《世界巨大》："世界巨大，我以渺小来爱它。"

修明生活在城市边缘的一个不起眼的社区里，日子重复而单调。每天早晨挤地铁上班，在午休时间急匆匆点外卖，晚上加班到很晚才回家。上司总是要求他想出触动人心的广告方案，尽管他自己已经很少被周遭的事物所打动。

但他最近总是反反复复梦到同一个场景：小小的他与父亲在同一片星空下看烟花。

修明的父亲是个烟花爱好者，父子间最爱聊的话题就是"冷光烟花，响珠，焰色反应"。自从父亲去世后，烟花成了修明与过去连结的隐秘通道，他会独自前往公园，仰望夜空，回忆那些短暂而璀璨的瞬间。

某天修明无意间在社交平台上浏览到关于烟花节的宣传海报，他决定让璀璨的烟花不再只是回忆。他提前下班，买了父亲生前喜欢的啤酒和自己爱吃的薯片，穿上父亲留下的旧夹克，背着简单的野餐包，往家附近的公园走去。在公园许愿池旁一块热闹的草坪上，修明安顿下来，周围是孩子们的欢笑声和偶尔的狗吠声。夜幕降临，当第一束烟花划破天际，修明闭上双眼，深吸一口气，默默地许下心愿：**希望我能够接受生活中的一切变化，保持对未来的希望和乐观。**

再次睁开双眼，他的心随着烟花的绽放而跳动。一位温和的老者走过来，坐在他旁边，拧开自带的茶杯，喝了一口茶。

“这烟花真美。你每年都来吗？”老人问道。

“父亲生前每年我们都一起来。”修明回答，“每次看烟花，我都会许愿，希望生活能像这些烟花一样，无论多么短暂，都能绚烂地绽放。”

老人点了点头，眼中流露出深深的理解：**“那些我们曾经爱过的人，从未真正离开。他们活在我们的回忆中，通过我们的生活继续存在。”**

修明感受到一种前所未有的释然，这番话仿佛为他的心愿注入了坚定的信念。无论是面对过去的记忆，还是迎接未来的不确定，他都将更加勇敢地生活，让每一个瞬间都充满意义。

积极心理学家 C. R. 斯奈德提出的希望理论强调：合理明确的目标、动力思维（对目标的渴望和投入的意志力）和路径思维（调整策略，灵活应对障碍）是构成希望的核心要素，能帮助人们积极应对挑战。

随着最后一束烟花的消逝，他想起《天梯：蔡国强的艺术》中的奇幻意象：**“我想在这里用一把梯子连结地球和宇宙。”**修明收拾起东西，准备回家，此时的心情比来时更加平和。因为他终于明白：人们总是在追求永恒，但最动人心魄的往往是那些转瞬即逝的美。他已经找到了与父亲的连结，也重新找到了自我。

爱，从未真正消散。

第十一天重启人生挑战

缓缓把手举起来，再突然张开手指，
想象烟花在指尖绽放。
闭上眼睛感受那一瞬间的光芒，
别说话，你刚刚燃放了一片属于自己的璀璨。

你如果缓缓把手举起来，

再突然张开手指。

恭喜你，

你刚刚给自己放了一朵烟花！

一次最多放两个哟！

你已经很棒了，

放朵手指烟花送给自己吧！

有人说"雨是神明的烟花",你快看雨滴!
真的很像一朵朵透明的小烟花呢!

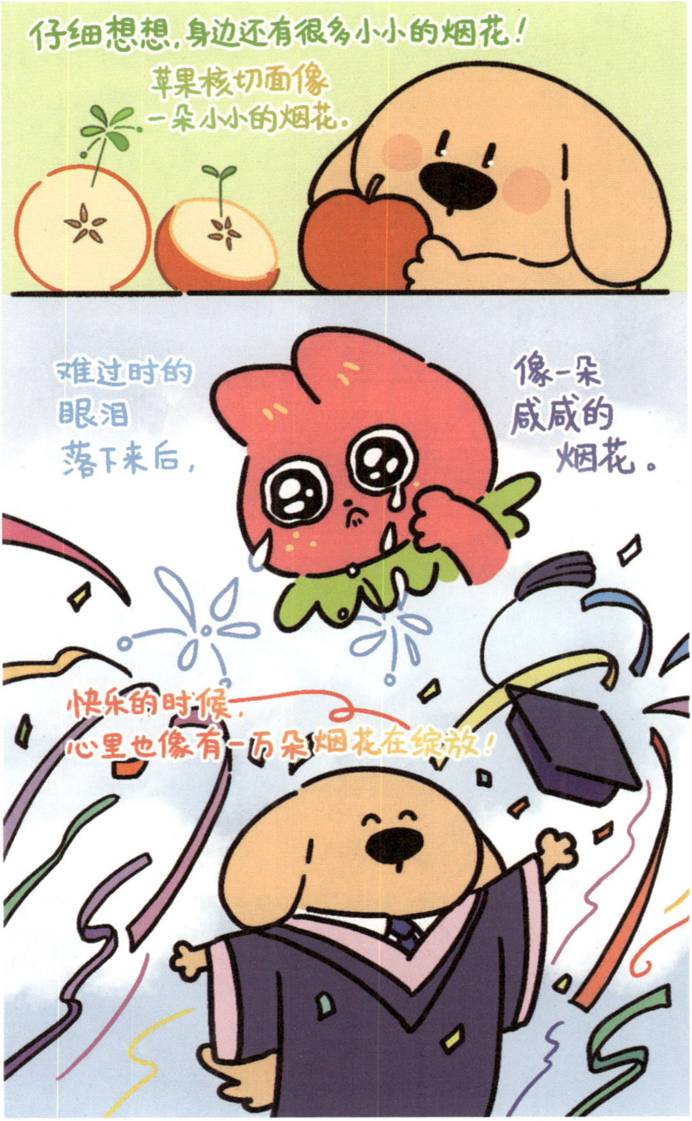
仔细想想，身边还有很多小小的烟花！
苹果核切面像一朵小小的烟花。
难过时的眼泪落下来后，
像一朵咸咸的烟花。
快乐的时候，心里也像有一万朵烟花在绽放！

烟花这样美，却只有一瞬，为什么人们这么喜欢呢？
也许大家爱的是那一瞬间闪耀着的生命的光芒吧？之后再用漫长的时间，无数次回忆去保护它。前路再暗，它也在闪着浪漫的光。

都说到这儿了，我们干脆去放烟花吧！
好！
大地红烟花

严禁燃放烟花爆竹
没收！

4 “i人”和“显眼包”的KTV

合理地、适度地宣泄

“别人如何明白透，实实在在，踏入过我宇宙。”——在霓虹闪烁的包厢里，这句歌词不由得让人想起心理学家荣格曾提出的“人格面具”这一概念。

在这个时代，为了保护真实的自己，很多人都戴着面具生活。

现代都市人用 MBTI 的人格标签定义自己；用“情绪稳定”来标榜成熟；在朋友圈精心打造人设，不轻易让他人看见自己的得意或失意；从不与人深交，保持一定的社交距离。只有在安全的环境里，才敢卸下这层保护色。

但这些约定俗成、难以打破的社交屏障，始终无法真正隔绝我们的内心。我们仍然需要一个允许自己“安全地失控”

的空间，来宣泄情绪。

对“宣泄”的刻板印象，让人总是把它与暴力和破坏挂钩。事实上，适度宣泄是心理学中提倡的心理防御机制之一。**为了避免长期压抑导致的心理扭曲与不健全，在遭遇挫折或困难之后，人们可以进行合理的、适度的宣泄，以此来维持自身的心理平衡。**

这种时候，我们除了倾诉、运动、哭泣等，还可以和老朋友在下班后去 KTV 开一场主题限定的“演唱会”。

在某种场合里，拥有“放声高歌”的权利是值得庆贺的。

在轻松的氛围中，肆意扭动身体，不在意歌词或旋律的准确与否，只是尽情地大声歌唱。

那套在外人面前的“MBTI”外衣早已失效。在 KTV 这个半封闭的空间里，“i 人”终于可以尽情地享受旋律与节拍；“显眼包”也不再致力于热场、讨好大家，而是静静地退回角落，享受与老友的欢聚时刻。

在这里，没有人在意你是否走调，荒腔走板的或许正是生活本身。

真实的关系产生于真实的时刻。在 KTV 里，我们终于可以卸下社交面具，不必解释悲伤的来源，不必为失态找借口，只是恣意地释放那些平日里不得不压抑的情绪。

这不是逃避，而是一种更高级的自我修复。**神经科学研究表明：音乐能激活大脑的多个区域，帮助重塑情绪记忆。当我们对着话筒嘶吼时，某种程度上是在重写那些让我们受伤的故事。**

让我们约定，在每个向生活妥协的夜晚，点一首最符合心情的歌，用最不羁的声音，驱逐内心所有的坏情绪。

毕竟，在成人世界里，“放纵”比“克制”更加来之不易。

第十二天重启人生挑战

和朋友们约定，定期去 KTV 开一场主题限定的“演唱会”，比如经典影视剧插曲、动感舞曲、粤语歌……用一个晚上把嗓子唱哑，散场的时候你会发现，一切糟心事早已经抛到了九霄云外。

请选择你的KTV英雄

"C位"歌王

技能

天籁之音，
震撼全场！

减益效果

非常耗精力，
嗓子哑三天！

游戏大师

技能

精通一切聚
会小游戏，
绝不冷场！

减益效果

玩游戏往
往要喝酒，
容易失控！

点歌专家

技能

精准操作点歌系统，迅速切歌！

减益效果

自己唱歌的机会变少了！

氛围王者

技能

拉满全场的情绪价值！

减益效果

自己唱歌的机会变少了！

小吃消灭者

技能

吃KTV的一切小食，吃饱、吃好！

减益效果

不管别的，吃得开心就好！

5 站在十字路口，把红灯看作简易日落

“现代职场游牧民的精神迁徙术”

在日落前的 50 分钟里，太阳与地面的夹角从 6 度移动到 −4 度，整个世界仿佛被蒙上了一层金色的、泛着柔光的滤镜，有人将其称为“鎏金时刻”。而在很长一段时间里，西临都认为这是独属于她的“自留时间”。

学生时代，她和其他尚且年少的孩子一样，还不懂得日出、日落的珍贵。背着书包，走在路上，眼里只有快要迟到的自习课和尚未写完的试卷。这种太过专注于眼前的目标造成的习惯性忽视，会经年累月地延续到一个人的生活中。

然而，就在一个傍晚，西临偶然看了一次完整的日落。那一刻，她的脑海中没有急着要去做的事，也没有任何情绪的波澜，她只是静静地凝望着太阳缓缓落下。

那时，她刚刚开始第一份实习工作，面对纷繁的任务不知所措，感觉被困在了原地，内心十分焦虑。然而，就在注视太阳缓缓落下的那 15 分钟里，她的思绪却渐渐平静，变得专注而笃定。

从那以后，她爱上了这种感觉。每次遇到 90 秒的红灯，她都会让那日落再次在脑海里放映。夕阳把整条街道熬成了流动的蜜糖，太阳下沉至地平线时，90 秒，足够上演一次私人限定的日落：

10 秒，太阳变成了橙红色；

30 秒，云朵轻轻托住残阳；

60 秒，太阳只剩下三分之一；

89 秒，又一个夜晚悄然而至。

她之后的行程，或许是加班，或许是与朋友聚餐，或许是回家看综艺节目，又或许是去做任何其他的事情……但那些都已无关紧要，因为在一天中，至少在“看日落”的时间里，西临完完全全属于自己。

西临常说，盯着落日发呆其实是种高端的神经元按摩。她把这种微型冥想戏称为“现代职场游牧民的精神迁徙术”——**在钢筋水泥的丛林里，学会在规则的夹缝中寻找自由。**

哲学家让－保罗·萨特（Jean-Paul Sartre）认为我们从来都没真正失去自由，也一直是自由的。我们感到不自由，是因为我们自由地选择了不自由。自由不单是摆脱外部束缚和控制，更是一种内心的感受和追求。

成年人的生活总是被各种事情填满，匆匆向前。**但你仍旧可以选择在某个十字路口停下，等待属于自己的那场日落。**

生活强加给我们的“暂停时刻”，恰恰是生活赠予的观景窗。所以在遇到下个红灯时，不妨试试，让日落主动“造访”你的日常。

“我凭感觉活着，我有很多破绽。”

“但那又何妨？”

第十三天重启人生挑战

当我们学会用心感受而不是用规则衡量一切时，生活的每个时刻都可以重新被定义。

自由不是打破所有规则，而是在规则之中找到属于自己的节奏。

用感受代替计时，把每个等待的时刻变成微型冥想，允许自己与城市节奏暂时脱离。

每个生命的被迫停顿，都是心灵重获自由的机会。

小王子曾说：

“有一天，我看了四十三次日落！”

我已经历经了无数场夕阳，

不如寻找某个傍晚，

记录一场盛大的日落。

好漂亮的日落呀！
看日落的时候，
你会想到什么呢？

我会想：几亿年前恐龙们看到的
夕阳会不会更加壮观？

我会想：也许上一世，我们也一起
欣赏过落霞与孤鹜齐飞！

过去，现在，未来，
每天的落日景色永远不会重复。

我们的生命如此渺小、如此短暂，
却每天都能见到唯一的夕阳，
是多么幸运的事啊！

6 知道不爱听您还说？

不解释、不争辩、不说服

对许多孩子来说，每到年节，长辈们的轮番“关切”往往让他们对回家既想又怕。

年关将近，空气中弥漫着团圆的温馨气氛，妈妈打来电话问林蓓什么时候回家。听到那熟悉而亲切的声音，她恨不得立马回到妈妈身边。林蓓想象着终于可以告别外卖，吃上妈妈做的饭，心里暖暖的。

然而，这份急切的归心，下一秒就被妈妈抛出的“打算什么时候带男朋友回家”等问题瞬间浇灭。

回想过往，我们似乎都曾经历过这样的“扫兴”时刻。

童年时跌倒后，得到的不是拥抱，而是“让你不听话”的责备；考试得了第一名，把奖状拿给父母看，却被泼了一盆冷水——“骄傲使人退步”；青春期时房门不准上锁，日记本总是被“不经意”地翻开……

如今虽已成年，但在婚恋、职业、生活方式等议题上，代与代之间的认知鸿沟仿佛越来越深。

很多时候，人们在谈论原生家庭所带来的伤害时，核心诉求其实很简单——**渴望被理解，期待自己的选择被尊重。**

两代人的代际差异，让双方的价值观如同两条平行线，似乎永远难以相交。但平心而论，我们想活出自己的人生与父母关心我们的初心，很多时候并不是相互对立的。

对于这种看似温情脉脉的“冒犯”，如被问及一个有攻击性或者不想回答的问题时，“不解释、不争辩、不说服”就是最好的应对方式。

用一个新问题来回答对方提出的问题。

比如，二叔下次问你：“今年挣了多少钱？有男朋友了吗？”你可以微笑着反问：“您怎么突然对这个感兴趣了？是担心我挣得少，打算给我发个大红包吗？谢谢二叔。”

这种策略之所以有效，是因为通过反问，可以将焦点从你身上转移走，让你不再成为话题的中心，对方就成了那个不得不回答问题的人。

这样，局面自然会发生反转，你就能轻松掌握主动权。

所有让你不舒服的问题，你都不必回答。用问题回应问题，是最好的语言自卫术。

第十四天重启人生挑战

面对冒犯性的问题时，一些人当下想不出怎么回应，事后则悔恨不已，甚至苛责自己："为什么我没能鼓起勇气反击？"

但当事情发生时，是否有勇气并非问题所在。

你的身体只是在保护自己，来应对所感知到的威胁。嘴笨不是什么大事儿，从一句不怎么费力的反问开始，尝试正面应对冲突就好。

有对象了吗？这么大岁数了，能处就处！你不结婚，我天天睡不着觉！
工资多少啦？对门的孩子都买车买房啦！
你工作现在多不稳定啊！还是铁饭碗好！
天天就知道玩手机，心情不好就是玩手机玩的！
上这么多年学，咋不好找工作呢？你努力投简历、找机会呀！
在家里，有时会听到长辈说一些非常冒犯的话。
冒犯的说教代表一种权力关系的压制。

所以可以让自己展示你的"不好惹"！

亲爱的自己，爱的表达本应是温柔的，
不应该让你感到被冒犯。

所以要勇敢地表达你的愤怒、你的诉求，去改变你能改变的处境，让人明白你是一个独立的、自由的、有力量的人。

任何人都不能以关心与爱的名义来强迫你满足ta的私心欲望。

爱这个世界的前提，是好好爱自己。

本私家菜地采用
纯天然有机肥

第三章
释放被驯化的天性

1 从内打破，找回对生活的掌控感

在规则之内找到自由

你是否曾静静地站在电梯里，手指悬在按钮前，却在最后一刻选择了办公室所在的楼层？那个无数次想按却从没按过的顶层按钮，可能通向天台的风和晚霞，也可能通向物业仓库。但重要吗？重要的是你连这种程度的“错误”都不敢犯。

这正是被驯化的痕迹。

我们的灵魂像一匹野马，而社会是驯马师。从呱呱坠地的那一刻起，我们就被教导如何“正确地”存在：不要太锋芒毕露，也不要太默默无闻；不要太情绪化，但也不要太冷漠。这些“不要太”的紧箍咒，让我们在不知不觉中失去了与生俱来的本能——那种知道自己真正需要什么，并勇敢去追求的能力。

作家史蒂文·普雷斯菲尔德（Steven Pressfield）将其称为“内阻力”——我们大脑中那个不断说“不行”的声音。这个声音很少是我们自己的，它是父母的担忧、老师的警告、社会的期望，以及其他我们内化的外部标准的集合体。

社会规训像空气般渗透进每个毛孔。斯坦福监狱实验已经证明:在“角色”中,最叛逆的灵魂也会不自觉地套上囚服。我们活成了批量生产的提线木偶，用“成年人就该”的钢印封印情绪,用“别人都这样”的模具浇筑选择,用“现实点吧”的焊枪封死可能性。**长期压抑本能会导致前额叶皮质过度活跃,而这正是焦虑和抑郁的温床。简单来说,我们正在为“不做真实的自己”付出代价。**

但这并不意味着我们需要抛弃社会规范。相反，我们需要的是一种微妙的平衡：**在规则之内找到自由，在秩序中创造意义。**这就是“从内打破”的核心——**不是对外宣战，而是从内打破。**

那么，要如何开始这场内在革命呢?

第一步是识别。那些让你感到能量流失、莫名疲惫的日常选择，往往是本能被驯化的信号。每当你听到自己说“我应该”而不是“我想要”时，都应该停下来问问自己：“这真的是我的选择吗？”

第二步是小规模实验。心理学家米哈里·契克森米哈赖所提出的心流理论表明：当我们完全投入自己真正喜爱的活动中时，时间感会消失，能量会倍增。尝试每周留出一小时，做一件违背“应该”但又不会伤害任何人的事。或许是在清晨写诗而不是检查邮件，或许是在公园草地上打滚而不是在健身房训练。当你能对着空气说出“我选择”，而不是“我应该”时，被驯化的基因链就出现了第一道裂痕。

第三步是接纳不适。神经可塑性研究表明，新的行为模式会在大脑中创造新的神经通路。起初这些路崎岖难行，但每一次尝试都会让它们变得更加顺畅。那种初始的不适感——“我这样做会不会很奇怪？”——恰恰是成长的信号。

最后一步，也是最重要的一步，是培养对自我的宽容。当我们长期压抑本能时，心中其实存在一个严厉的法官。对抗他不是通过自我批评，而是通过自我宽恕。每当听到那个说“不行”的声音时，你试着温柔地问他：“为什么不行？”

对抗规训最有效的方式，是主动制造“可控的失控”。

心理学家卡尔·荣格曾言：“我们不是通过仰望光明而得到启示，而是通过审视自己的黑暗。”那些我们最不愿面对的部分，往往藏着最大的自由。

从看似幼稚地搭建麻将城堡，到充满发泄意味地打拳，这些小小的“出格”行为，都是在“从内打破”。但无论哪种方式，核心都是一样的：重新连接那个未被驯化的自己，夺回生活的主动权。

人生最大的冒险，不是一味地征服外在物质世界，而是找回内心深处那个本能尚存的自己。

第十五天重启人生挑战

正如维克多·弗兰克尔所说：“人所拥有的任何东西，都可以被剥夺，唯独人性最后的自由——也就是在任何境遇中选择自己态度和生活方式的自由——不能被剥夺。”

2 用麻将搭一座城堡，再推倒它

“适度地破坏”，迎接新的可能

你还记得那些童年时光吗？当大人们打完麻将，还没来得及收拾，孩子们便蜂拥而至，冲向桌前，用麻将搭建起自己的小小世界。这些大人的娱乐工具，在有的孩子手中变成了高楼、铁塔或其他心中所向往的奇妙建筑，其中一些孩子长大后成了建筑设计师；有的小孩把麻将垒成憨态可掬的机器人，他们或许梦想着成为一名发明家。

这种游戏与心理治疗中的沙盘游戏（也叫“箱庭疗法”）颇为相似。**沙盘游戏是荣格学派的多拉·卡尔夫创立的心理疗法，让人在沙盘上自由摆放微缩模型，摆放完成后，专业治疗师便可依据荣格所提出的“心象”概念，从中窥见治疗对象内心深处的景象。**

竹子小时候喜欢将麻将一块块垒成高耸的三角形，屏住呼吸，倒数三秒，然后——“哗啦”一声，尽数推倒。那一刻的快感，如同一场小小的心灵狂欢，是释放也是重生。

竹子是不怕从头再来的人。

童年的麻将游戏，对竹子来说在某种程度上也是一种自发的心灵探索，尤其是那个“推倒”的瞬间。竹子的勇敢，是从推倒麻将开始的。

生活中遇到瓶颈，竹子总会想起那个推倒麻将的小女孩。她教会了成年后的竹子一个道理：有时候，勇敢地结束比固执地坚持更需要力量。

适当的破坏性，是人鲜活的力量源泉之一。

弗洛伊德将人的驱动力分为“生本能”和“死本能”两种。“生本能”驱动着我们去依照正常的轨迹生活，日复一日；而当心理承受机能到达一个临界值时，在“死本能”的驱动之下，人们会做出一些令人意外却又在情理之中的行为。

这些行为背后的逻辑是：**“最坏的结果是什么？”“失败了又怎样？”**恰恰是这种直面失败与终结的态度，能够在人生的关键时刻发挥作用。

多少人被不喜欢的工作困住，只因“已经做了这么多年”；

多少人停留在相互消耗的关系中，只因“投入了太多感情”；多少人放弃梦想，只因为“年龄已经不允许”……这些都是“沉没成本谬误”设下的陷阱。

生活中，我们需要“适度地破坏”。不是为了破坏而破坏，而是为了腾出空间，迎接新的可能。就像树木有时需修剪枝叶，我们的人生有时也需要勇敢的“推倒时刻”。

人生不过是三万次太阳升起。最坏，不过是从头再来。

第十六天重启人生挑战

沙盘游戏是一次探索内心世界的魔法之旅，你会在其中获得无限的启发和惊喜。它鼓励你用一种创造性的方式与自己对话，帮助你更加了解自己，也更接近内心的平和状态。

如何开始沙盘游戏呢？

1. 准备一个沙箱，如果没有，也可以用盘子或浅盆代替，在容器中盛满细沙。

2. 收集一些小道具，如人物类、植物类、建筑类的小玩具，代表你生活中的元素。

3. 开始自由地布置这些道具，创建一个小小的场景，表达你的内心世界。

4. 观察你所创建的场景，思考你的情感和感受。不要担心，没有对与错，只有你的真实感觉。

5. 通过观察并与场景互动，
你会逐渐拥有新的见解，
思考问题的方式
也会有所改变。

哇呀呀！何人向本官投案自首？所犯何罪？
青天大老爷！我犯了大罪！我为了发泄情绪，强拆了一座别墅！请逮捕我！
大胆小狗！速速坦白！

那天，我用麻将搭了一座豪华城堡！
我甚至设计了它的内部装修！
它变成了一件艺术品！
阳台
客厅
厨房
餐厅
主卧
卫
次卧
但是，继续装饰它变得越来越难，我心里越来越烦燥了。
一个念头突然出现在大脑里：“毁掉这一切吧！”

于是，我抽走了一张麻将。
一瞬间，豪华的麻将别墅成了废墟，倒塌声如此清脆悦耳。
哗—
哗—
通过破坏而获得满足，我简直是个大坏狗！

就这？
通过破坏发泄情绪很正常，但不能伤害自己和他人，要把握好度！
好的，谢谢大老爷！
情绪也需要一个出口，所以你没犯任何错！快回去吧！
是个梦啊！

3 “我想起来了！我跟没跟你说过？”

镜像神经元与情感共鸣

有时候，今歌会忍不住想：要是生命里没有朋友，自己会不会渐渐丧失语言功能？

她整日与冰冷的仪器和数据为伴。从清晨打卡上班，到半夜拖着疲惫的身躯回到独居的单位宿舍，有时候一整天，她唯一的社交互动就是与食堂阿姨的简短交流。

她太害怕工作时分心了，生怕一句谈笑会导致某个关键数据出错，于是便养成了“孤军奋战”的工作习惯。

久而久之，在同事们的眼中，今歌就是一个严肃而沉默的人。

然而，事实并非如此。今歌把那些没能说出口的话，储存在脑海中一个特定的“文件夹”里，这个“文件夹”只有在见到老朋友的时候才会被打开。在相聚的那一刻，今歌立刻打开了话匣子，从在食堂吃到了一块未煮熟的胡萝卜这类琐事，到近期工作不顺，想换个城市工作的想法，她滔滔不绝，分享着每一个细微的心绪波动。

自我意识心理学中有一个有趣的现象叫作“镜像效应”，指的是当你向好友倾诉时，对方通过设身处地的感受和回应，能够激活彼此脑中的镜像神经元，从而引发情感共鸣。

那些承载着共同记忆的话题、过往或是心愿，只能说给真正懂你的人听。

心理学研究表明，社会支持是缓解个体压力的重要资源。向好友倾诉，不仅能够获得情感上的慰藉、信息的交流与陪伴的温暖，还能体验到存在感和归属感，从而增强个体的心理韧性。倾诉，作为一种有效的心理宣泄，有助于释放累积的烦恼、压力与负面情绪。这不仅能防止情绪过度压抑带来的负面影响，还有助于缓解焦虑。

当我们向知心好友倾诉时，大脑会分泌催产素，这种激素能减轻压力，增加幸福感。所以那些絮絮叨叨的时光，其实是一场温柔的心理按摩。

今歌曾说，有些心事就像特供版的深夜食堂，只为懂你的人特别营业。在这里，你可以毫无顾忌地点单：一份童年的傻事，两份工作的抱怨，三份对未来的焦虑，再来一份加量的胡说八道。

人生在世，只要有朋友，一切心事就有归处。

无论过了多久，你们都可以坦然真诚地面对彼此，再次变回毛毛躁躁、大喊大叫的小孩。

第十七天重启人生挑战

将心中的千言万语细心收藏于那个专属的“文件夹”。待到它满满当当，便是与朋友相聚的最佳时机。

“我想起来了！还有件事我一直没告诉你！快坐下听我讲！”

说着说着，你会慢慢发觉，你所需要的，其实是一个始终在原地守候的朋友。那些曾在深夜困扰你的难题，在此刻，不过是茶余饭后的谈资。

我有没有和你讲过？
讲过什么?!
小声
小声
叽哩咕噜

但你好像真的没和我讲过这件事！
怎么会?!我一定和你说过！不信的话我们看证据！
这些都是咱俩的聊天记录，你就查吧！
原来我俩一起分享了这么多小事呀！
我7点到家！
速速汇合！
我要吃到！

我们是好朋友，当然要互相分享彼此的生活啦！
嗯！想和你一起开心或惊叹，两人一起，看到的世界也更大了一点！
也谢谢你，愿意承载我旺盛的分享欲！
就算有你没和我说过的事也没关系，你说给我听就好啦！

4 被飞盘击倒，我丢

玩耍心理学

我们总是被告知要“稳重”“得体”，要时时“控制”，但有没有想过：真正的疗愈或许藏在那些被我们压抑的“出格”行为里?

Ultimate Frisbee（极限飞盘），这种看似简单的塑料圆盘游戏，颠覆了我们对“成熟”的刻板认知。

当你站在开阔的草地上，手中那轻飘飘的飞盘以不可预测的弧线划破空气时，你其实正在进行一场精心设计的心理实验——如何在放弃控制欲的同时，找回生命的韵律。

生命是一场流动的盛宴，每一次奔跑，每一次欢笑，都是对世界的回应。

成年人的痛苦，往往源于“玩耍”被剥夺。

科罗拉多大学博尔德分校的进化生物学家马克·贝考夫（Marc Bekoff）说：“如果不玩耍，成年人会感到沮丧、筋疲力尽，而且不知道确切原因。”飞盘运动的魅力在于它的悖论性：它无比自由却又有规则，它看似随性却又需要精准，它具有社交属性却又属于个人运动。就像我们的人生，表面上追求确定性，骨子里却渴望那一刻的即兴与失控。

没有裁判，只有共识。这种自组织模式挑战了我们对权威的依赖，迫使我们面对一个不舒服的真相：也许，我们并不需要那么多外部规则来约束自己。信任，往往比控制更有力量。

当飞盘在空中摇摇晃晃，你全力奔跑、跃起、伸展，试图接住它的那一刻，便进入了一种全然投入的状态。此时，你不再是社会定义的你，而只是一个纯粹存在的生命体，与风、与光、与重力共舞。

或许，真正的成熟不是学会收敛，而是敢于在适当的时刻，毫无保留地释放。

被飞盘击倒，我丢——丢掉的不只是一个塑料圆盘，还有那些束缚我们的社会面具、无谓的自尊、对完美的执念。当我们敢于在众人面前摔倒，敢于大笑，敢于流汗，敢于展现不完美，我们才真正开始接纳自己的全部。

在风中奔跑的那一刻，汗水与笑声交织，我们回到了最原始的状态：不再思考明天的会议，不再为房贷、车贷忧虑，只是单纯地活在当下，感受生命在血管中奔涌的力量。

投掷，飞翔，追逐，接住——每一个动作都是对生活的隐喻。

生命从来不是一条直线，而是一道优美的弧线，充满变数却又蕴含规律。我们能做的，不是控制它的每一个转折，而是学会在变化中调整姿态，在不确定性中找到平衡。

用心去倾听风的低语，去触摸海浪的温度，去感受跳跃时心脏的律动——**生活的美妙，藏在每一个全情投入的瞬间。**

第十八天重启人生挑战

有时候，治愈自己最好的方式，就是允许自己暂时忘记自己是谁。

让心跳快一些，让步伐轻盈一些，让目光盛满光亮，在当下，尽情热爱，尽情欢笑，尽情活着。

生命是一场流动的盛宴，
每一次奔跑，
每一次欢笑，
都是对世界的回应。

嘀嘀!!
来玩飞盘吧!!
抛出去～
接住!
—咻
—咻

起飞！看我能跳
这一么高！
我一定可以！
接住！
飞盘！
好像被激
发了一些
本能？

5 嗷嗷吃肉，哐哐打拳

相对反抗，绝对自由

乐怡住的公寓楼下新开了一家女子拳馆，从教练到学员，无一不是女生。她每周雷打不动地去练两次泰拳，有时和朋友一起上大课，有时则独自戴着耳机，在拳馆里默默练习，不发一言。

对于乐怡而言，练拳并非为了达到某种水平或某个段位，她只是痴迷于拳头挥出去时的那一阵风。它无形所以自由，“呼”一声飞出去，“哐”一下砸在沙袋上，拳拳落到实处。乐怡喜欢打拳这种发泄方式，每次大汗淋漓地走出拳馆，毫无负担地吃两大碗饭，也不用纠结卡路里是否超标。

我们每个人内心都住着一个“野蛮人”，但在文明社会中，被允许表达的本能是有限的。

我们被教会了压抑、克制、理性，却很少有人告诉我们如何与内心的原始冲动和谐共处。乐怡明白：真正的自由不是摆脱这些冲动，而是学会如何安全地释放它们。

“感受生活，反抗，自由，尽可能地感受，这就是生活，尽可能地生活。”阿尔贝·加缪的这句名言，被乐怡作为人生座右铭。鲜活地存在，正是她对日常生活的反抗。

自由不仅是一个哲学概念，更是一个心理学概念，它意味着人能够凭借自主的意志而行动。**萨提亚在诗歌《五种自由》中的表述，就是对自由很好的诠释：自由地看和听，代替如何去看和听；自由地说出所感所想，代替应该如何说；自由地感受所感，而非应该感到的；自由地要求，而非等待许可；自由地冒险，而非只求安全妥当。**

打拳与吃肉，是相对反抗、绝对自由的体验。这代表着宣泄，一种并不完全克制的方式，却也证明生活可以容许“在可控范围内的失控”。

身体活动，特别是高强度间歇性运动，能显著提升内啡肽水平。这种“快乐激素”不仅能缓解压力，还能增强自信和自我效能感。当拳头击打沙袋的那一刻，所有的焦虑、委屈、不甘都转化为纯粹的力量。这种转化，心理学上称为“升华”——将原始冲动转变为社会可接受的形式，而不是简单地压抑。

在可控范围内的失控，是心智成熟的标志。就像原始人类在狩猎后的庆祝仪式，打拳与吃肉成了乐怡生活中的仪式——一种对自我的确认，对生命的庆祝。

命运在人们面前铺开了一张抽象画，任凭每个人用自己的自主意志去解读、填补、延伸。然而，这并非一张试卷，没有正确答案，也没有既定思路，无所谓对错，甚至没人管你是否作答。

只要能承担后果，且不对他人造成伤害，自由便是那压低枝头的苹果，你大可以踮起脚去够一够。

第十九天重启人生挑战

拳击、泰拳、柔道等对抗性运动，能在一次次的挥拳踢腿中宣泄压力。大脑会记住这些动作，让凌厉的锋芒从你的眼神、肢体、仪态中体现出来。毕竟，原始人类曾长期生活在丛林中与草原上，对抗性运动唤醒并培养了我们最本能的攻击力。

写出一个能坚持21天的对抗性运动，

再对未来的自己说一句话。

阿姨，您打拳好厉害！
我想和您学打拳！

谢谢你！
没……没问题！
红帽铁板烧

阿姨，我感觉已经可以出师了！请见证一下我的实力！
没问题！我会使出全力，这代表对你的尊重与认可！
VS
KO

谢谢阿姨请我吃冰棍！我还要练更多才行！
小狗客气啥！
不过你为什么突然想学打拳呢？
阿姨，你有没有特别想发泄坏情绪的时候？
孩子是受委屈了吗？
没有啦，只是心里一直憋着坏情绪，非常难受。
泡在眼泪积成的海洋里，难以呼吸。我意识到必须通过某种途径发泄出来。

所以我选择了去打拳！既可以狠狠发泄，又可以练出梦寐以求的完美肌肉！
想象中
打完拳之后感觉我好强壮！坏情绪都可以被"咣咣"两拳打跑！
我突然想到，咱们练的是太极拳，可以长出肌肉吗？
嗯……应该可以吧。

6 比赛季，我准备好了

打破现实与想象的边界

相信很多人有过观看体育赛事的经历。赛场上，当原本处于落后一方的选手实现了逆风翻盘——从落后到追平，再到终场前的惊险赶超，观众席上欢呼声炸响。观众不知不觉地站起身来，心跳加速，掌心微汗。

在那一刻，万千观众的心跳同步，共享集体的情绪共振。竞技体育的魅力就在于此，多巴胺的不断攀升，比乘坐过山车还要刺激。无数观众在强劲的心跳节奏中，感受观看比赛的乐趣。这种乐趣不仅仅来源于一次次更高、更快、更强的自我突破，更来自心理学家称为“集体欢腾”的现象——**当我们共同见证极限被打破时，个体情绪被放大，融入一种超越自我的集体意识中，我们的心理边界在这种共享体验中被**

悄然扩展。

但比赛带给我们的，远不止短暂的娱乐。它还会唤醒我们内心深处的竞争意识和突破欲望。那些在关键时刻表现出色的人，往往善于进行心理预演——在脑海中反复模拟即将面对的场景，想象自己沉着应对的每一个细节。当我们反复想象某个场景，大脑会形成相应的神经通路，就像为未来的行动铺设轨道。

最令人着迷的是，在终场哨响前，一切皆有可能。这种未知是最原始的“兴奋剂”。它让我们保持专注，让平淡的日子多了一丝期待和兴奋。

研究表明，当一个人将想象与行动紧密连接，大脑便无法完全区分想象和现实。这就是为什么很多运动员会和自己的想象力玩一场高速追逐游戏——目标就在前方，双拳紧握，眼神如炬，咬牙追逐那个想象中的自己。当终场哨响起，现实与想象的边界被打破，奇迹或许就会降临。

生活中，每个人都面临着自己的“比赛”：可能是一次重要的工作汇报、一场关键的考试，或是一次艰难的人生抉择。下次你在观看比赛时，不要只欣赏运动员的表现，还可以观察他们如何调整策略、如何应对压力——这些能力都值得你学习。

从今天起，我们可以尝试着不再安于做比赛的观众，而要做自己人生的“选手”。当面对下一个挑战时，试着问自己：如果这是一场决赛，我会如何应对？我需要什么样的心态？我要如何在压力下保持最佳状态？

许多人的失败，不是因为能力不足，而是因为那句“我觉得自己应该不行”扼杀了可能性。而比赛教给我们的最重要一课，就是永远不要在终场哨响前就放弃希望。

正如儒勒·凡尔纳所言：“但凡人能想象到的事物，必定有人能将它实现。”所以，你如果愿意，请不惜一切代价地奔向脑海中那个更好的自己。

第二十天重启人生挑战

比赛不只发生在赛场上，每个人的生活都是一场正在进行的比赛。

我们可以创建属于自己的心理训练场：

- **选择你的“决赛”：**找出生活中你最想突破的一个领域——工作挑战、人际关系或个人成长；
- **设计你的“赛前仪式”：**像运动员赛前有固定动作一样，为自己设计一个 3—5 分钟的仪式，激活你的“比赛状态”；
- **进行心理预演：**每天花 5 分钟闭眼想象自己面对挑战时的表现——不是想结果，而是想过程中的每个细节；
- **找到你的“观众”：**邀请 1—2 个信任的朋友成为你的“啦啦队”，定期向他们汇报你的进展。

那些擅长进行心理预演的人，在面对真实挑战时，大脑会认为“我已经成功做过这件事”，从而减少恐惧和犹豫。

我不会失败，
因为我要么成功，
要么学到东西。

小时候最喜欢
校运动会啦！
没错！从开学就在
期待运动会了！
斗志昂扬，
一班最强！
听节奏！
大声喊口号！
余光看齐！
大家为班级出场出谋
划策，一起排练，所有
人的参与感爆棚！
比赛时拼尽全力、挑战
自己，特别有成就感！
一班

加油！
冲啊！加油！
这是意志的较量！胜利在向你招手！你最棒！
不参加比赛也可以给别人加油，还能吃一天的零食，太快乐了！
到家后美美地休息，运动之后睡得超级香！

公司运动会报名处
要报名吗？

比比谁
跑得快！
跑反了！
出口在这边！

7 28 岁，终于慢慢摸索到身体使用手册

具身认知，与身体好好沟通

我们与自己的身体朝夕相处，却并不熟悉，就像住在同一屋檐下却不曾深谈的室友。直到某天，那些被忽视的微小抗议突然演变成无法忽视的“抵抗运动”。

认知心理学中有个概念叫“具身认知”（Embodied Cognition）——别被术语吓到，说白了，就是身体和心理其实是一体的，是同一个复杂系统的两种表现形式。心理学研究表明，我们的情绪会影响姿势，姿势反过来又会调节情绪状态。

但我们习惯性地对身体发出的信号充耳不闻。

夜深人静，只想多看一会儿短视频，于是牙刷草草掠过牙齿表面；工作压力大时，要么彻底忘记进食，要么用暴食来“自我奖励”；久坐办公室，不自觉地跷起二郎腿，仿佛这

样就能缓解那无处安放的焦虑……

这些细微的日常习惯，在数年后才会以牙周炎、胃溃疡、腰椎间盘突出等形式显现。

身体不仅是承载心灵的容器，更是心灵体验的共同创造者。

成年人不仅意味着情感和认知上的成熟，也意味着与自己的身体建立新的关系——从被动使用到主动倾听，从粗暴对待到温和协商。**每一个成年人必经的课题，就是如何在说明书缺失的状态下，逐渐摸索出自己身体的使用手册。**

这种摸索并非遵循刻板的健康指南，而是建立在深度聆听的基础上：像对待老朋友一样，与身体轻松愉悦地相处；寻找那些让身体愉悦而非痛苦的运动方式；顺应季节选择食物，而非屈从于外部的饮食潮流；注重手脚和颈部的保暖，因为它们常常是健康状态和情绪的“晴雨表”……

这不是一场训练，而是一段关系的重建。

我们的内脏系统——被称为“第二大脑”的肠道神经系统——每时每刻都在向大脑发送信号。但在快节奏的现代社会，这些细微的信号往往被淹没。重新学会倾听，意味着放慢速度，降低噪声，与自己的身体建立更深层次的连接。

从第一次心跳开始，身体将伴随你经历出生后的每一次欢笑、每一滴泪水以及梦想的实现或破灭，直到死亡让这台精密的“仪器”停止运行。

与自己的身体建立良好的沟通，不是一门选修课，而是贯穿一生的必修课。

那些最简单的事情往往最重要：足够的睡眠、适量的运动、均衡的饮食，以及最容易被忽视的——给自己一点温柔的关注。就像每一段亲密关系都需要经营一样，我们与自己身体的关系同样需要我们投入耐心和诚意。

第二十一天重启人生挑战

尝试每天花五分钟进行“身体扫描”——从头顶到脚趾，依次观察身体各部位。

不做评判，只是观察。

这种简单的觉察练习能显著增强身心连接，提高内感受力——我们感知内部身体状态的能力。

你的身体比你更懂如何生活。

黑眼圈

睡眠不足破坏了体液平衡系统，
使得血管和皮下组织暴露出来，
冰敷会起到一定缓解效果。

头晕

可能是水分流失造成低血压
或低血糖引起的，
因此多喝水和补充食物
可以解决这类头晕问题。

不再总盯着他人即将获得的，
而应该感恩自己已经拥有的。
其实拥有健康的身体、平和的心态，
就相当于拥有了“完整的自己”。

请为大鼻头狗做体检吧!

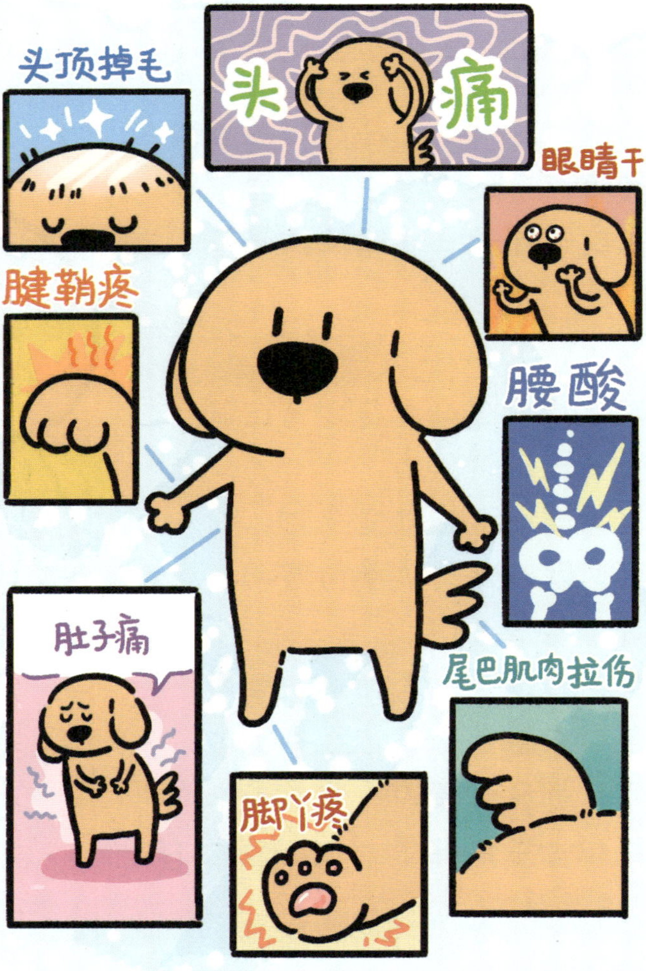

身体释放了哪些信号？

工作真让人头疼！
少熬点夜！
盯电脑屏幕太久啦！
多多休息！
肝
二郎腿！立刻放下！
吃得太多啦！注意饮食健康！
太开心啦！
想泡脚了！
摇尾巴

第四章
在流动中寻找意义

1 行所当行，止所当止

心之所向，行止皆是归途

人生是一场漫长的跋涉，我们始终在流动与静止之间寻找意义。**我们既渴望安定，又向往流动；既追求确定，又难舍未知。这种矛盾构成了生命最真实的张力——它如呼吸般不断交替，起伏之间，是我们内心最隐秘的渴望与挣扎。**

而多数人却被困在“该”与“不该”的牢笼中，忘了问自己：何时前行？何时停驻？

流动并非漫无目的地漂泊，静止也不是无意义地停滞。真正的勇气和智慧，就在于懂得何时该迈出那一步，何时该安然停靠。

● **行，是给生命一次机会。**

流动不仅是心理状态，更是一种生存策略。在适当的时机选择流动，意味着打破常规，跳出舒适区，让自己暴露在未知和可能性面前。

过于稳定的环境容易导致思维僵化与情绪疲劳，适当的不确定性能激活大脑活力，让我们再次感受到生活的鲜活与美好。这就是为什么旅行、换工作或搬家有时会让人焕发新生。

人生那些意想不到的美好，总是在你勇敢踏出那一步时悄然降临。

●止，是另一种形式的勇气。

在一个不停催促我们“向前冲”的时代，选择停下来反而需要更大的勇气。因为，停下来就仿佛等同于失败。**心理学家巴里·施瓦茨在《选择的悖论》中却指出，无休止地选择和追求反而会导致幸福感下降。**

知道何时停下，是一种被低估的智慧。当关系耗尽生机，当工作不再带来成长，当习惯开始损耗健康——“止”不是投降，而是重整。

人生不用太用力，懂得暂停的人往往走得更远。

●行止之间，听从内在节律。

人类有着自己的生物节律和心理周期。神经科学研究表明：我们的大脑需要在专注和发散、紧张和放松之间切换。

违背这种内在节律，就是对自己的背叛。

或许，真正的问题从来不是“我该不该改变？”，而是“此刻适合改变吗？”；不是“我该不该坚持？”，而是“现在是否该继续坚持？”。

要掌握行止的艺术，首先需要学会聆听自己。当你感到停滞不前时，问问自己：是因为恐惧，还是因为直觉在提醒你时机未到？当你疲于奔命时，问问自己：是因为热情，还是因为惯性让你无法停下？

其次，接纳生命的节奏感。就像音乐中的休止符一样，人生的停顿同样重要。它们不是空白，而是蓄力的瞬间。

最后，请告诉自己：**心之所向，行止皆是归途。**

行动不总是意味着向前，有时意味着向内；停止不总是意味着放弃，有时意味着另一种前行。

第二十二天重启人生挑战

行所当行，止所当止。这不仅是一种生活态度，更是一种自我疗愈的修行。

人生就像一幅黑白线稿，
需要你用人生经历涂成
五彩斑斓的画卷。

2 如果散步是和地球约会

没有执念的自在随行

你尝试过偏离导航路线，漫无目的地在城市闲逛吗？

近年兴起的“City walk（城市漫步）”，某种意义上是一场对数字化的精确生活的温柔反抗。当算法愈发精准地预测我们的喜好，人们反而开始渴望那些无法被精准定位的体验——不为打卡而存在的街角，未曾在社交媒体爆红的小店……

幸福感的核心要素之一是自主性。数字时代的我们虽拥有前所未有的选择自由，却将决策权悄然“外包”给了算法和别人的看法。我们在看似自由的选择中，正悄悄丧失着自主权。

“现代人无处不在，却从未真正在场。”

梓涵曾是“跟风打卡派”的忠实信徒。她吃饭必去高分餐厅，旅行必去热门景点，拍照也要复刻“网红”同款角度。

一个周末，她与朋友前往公园打卡时，仅因朋友没有按导航指引的最佳路径走，两人便爆发了激烈争执。

“走错路线，今天就浪费了！”她激动地说。

朋友反驳道：“你没听说过一句话？**生活就在你熟视无睹的瞬间。**”

有人曾问梓涵：“为何如此执着于规定路线？”她坦言这源自童年的创伤——第一次为全家人带路时，因紧张而走错路口的打击。自那次以后，她再也不敢走规划之外的“错误道路”。渐渐地，她成了一个毫无主见、随大流的人。她坚信：“大多数人的选择总不会错吧？”

这不正是很多人的写照吗？上学、工作、结婚、生子……只敢走大多数人走过的路。**这或许就是现代人面临的困境——“自由的恐惧”——我们害怕选择错误，于是一味地遵循既定规则。**

为打破这种桎梏，某个周末，不妨骑上自行车，遇绿灯就直行，不必关心目的地，不必计较快慢，骑至疲惫，就寻路归家。

这不仅是一次城市漫游，更是一场内心的解放。这种半随机半有序的漫游，正是自我接纳的实践——我们既遵守交通规则，又保留探索不预设终点的自由。**既顺应生命自然流动，又刻意打破常规路径。**

在“目的”成为执念之前，人们只是单纯地享受沿途的风景，从不强求精疲力尽地到达。有时，偏离既定路线不是迷路，而是找到真正属于自己的路。

在一个春日，梓涵终于尝试着骑上自行车，开始了自己的城市漫游。

没有评分可依赖，没有他人可比较，她第一次体验到了判断的自由——她不再询问他人：“这是最好的景点吗？”而是叩问自己：“我喜欢这里吗？”

漫无目的，就是最好的目的。没有执念，自在随行，本身就是生命的意义。

第二十三天重启人生挑战

街边的花没有对错，它们向每个路过的人盛开。

换一种平时不常用的交通工具回家，欣赏一路上的风景。

有时，
偏离既定路线
不是迷路，
而是找到真正属于自己的路。

如果走到陌生的街道……

好像在玩冒险游戏!
我是探索新地点的勇者大人!

已到达阳光长椅！体力恢复100%！
新发现！恢复好心情的美味面包！
跟随秘密藏宝图的指引！（其实是导航App）
藏宝图
面包
美味西点

目的地
放轻松！无论如何，勇者都会到目的地的！
Yeah！我要在这里拍一张游客照片！

3 怀民，你睡了吗？

睡眠与情绪调节

你觉得自己的睡眠时长足够吗？

你觉得自己的睡眠质量高吗？

早上你能自然醒来，不必依赖咖啡因便神清气爽吗？

如果你的答案都是“否”，别担心，并非你一个人如此。

夜已悄然深沉，窗外的街灯洒下朦胧的光影，将繁华的城市笼罩在静谧之中。在这孤独而宁静的时刻，不知道有多少人仍思绪万千，难以入眠。

君浩穿上外套，轻轻推开家门。夜风携着缕缕凉意轻柔地拂过面庞，寂静的街道将他的脚步声放大，像是在提醒他此时此刻的孤独。他已记不清这是自己第几次感受这种“被迫”的宁静了。

就在这时，君浩无意中看见了坐在湖边长凳上、一脸疲惫的邻居。

“也睡不着？”君浩轻声问道，没有寒暄，仿佛深夜赋予了陌生人之间不需解释的默契。

“白天太忙，脑子根本停不下来。”邻居无奈地回答，“一闭上眼，各种思绪就像潮水一样涌来，根本没办法入睡。”

正如英国作家夏洛蒂·勃朗特所说：“一颗焦躁的心使人难以入眠。”

在这个快节奏的现代社会，无论是沉重的工作压力，还是生活中的琐碎烦忧，都使我们越来越难以拥有安稳的睡眠。失眠不仅侵蚀着我们的身体健康，更严重影响着我们的情绪和心理状态。

心理学家马修·沃克（Matthew Walker）的研究指出，睡眠对情绪调节至关重要。睡眠不足会导致情绪剧烈波动，增加焦虑和抑郁的风险。而良好的睡眠能帮助大脑整理和处理白天的经历，促进情绪的平稳和心理健康。他在《我们为什么要睡觉？》中写道：“睡眠也慷慨地为我们的心理健康服务，重新校准大脑中的情感回路，使我们第二天能够沉着冷静地应对人际和心理方面的各种挑战。”

两周后，君浩在湖边再遇邻居，得知她去看了睡眠科医生，医生建议她记录情绪和睡眠情况来了解内心状态，同时在睡前冥想和深呼吸来放松身心。慢慢地，她发现自己开始正视那些被忽略的情绪，逐渐找到了内心的平静，睡眠质量也得到了显著的提高。

远处，一阵悠扬的口风琴声传来，竟是那首熟悉的《送别》。

两人不由得驻足，静静聆听，心中涌起一股怀旧之情，仿佛被带回了那些遥远而美好的时光。

《克林索尔的最后夏天》中写道："短暂夏夜烧化了，绿谷中升起湿气，千百树木的汁液在沸腾，千百梦境从克林索尔的浅眠中涌现。"

也许，失眠不仅是身体的警告，更是灵魂发出的邀请，邀请我们放慢脚步，聆听内心的声音。

第二十四天重启人生挑战

今晚，不妨放下所有电子设备，点燃一支香薰蜡烛，写下当下内心最真实的感受。不评判，不苛责，只是记录。然后做 5—10 次深呼吸：4 秒吸气，7 秒屏息，8 秒呼气。看看你的心会带你去哪里。

情绪日记

洞察自己的感受，释放自己的情绪

情绪

饮食

运动

睡眠

其他

今天我觉得

哪些事情进展得很顺利

对今天的自己说一句鼓励的话吧

整体精神状态

0 1 2 3 4 5 6 7 8 9 10

凌晨 0:45
睡了吗？
我想起了一件事！
展开说说.jpg
今天我去香香公园，看见咱之前经常吃的小红帽铁板烧的阿姨了！
然后呢？
然后我看见她在练太极拳，动作相当标准！

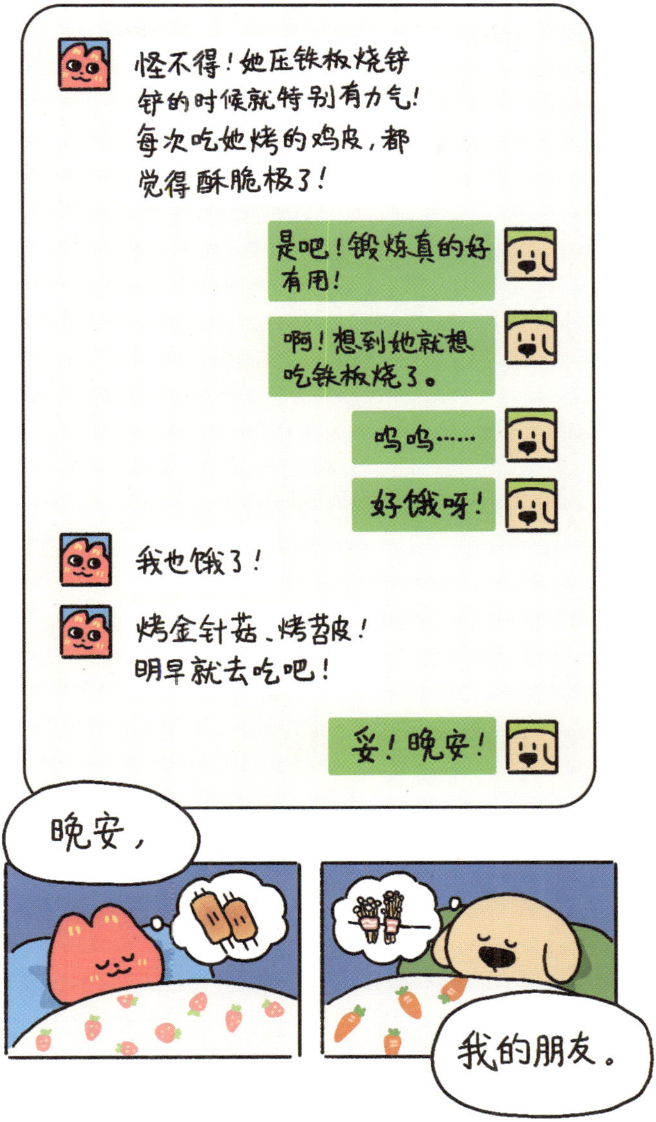
怪不得！她压铁板烧铲铲的时候就特别有力气！每次吃她烤的鸡皮，都觉得酥脆极了！
是吧！锻炼真的好有用！
啊！想到她就想吃铁板烧了。
呜呜……
好饿呀！
我也饿了！
烤金针菇、烤苕皮！明早就去吃吧！
妥！晚安！
晚安，
我的朋友。

4 一个人吃饭、旅行，到处走走停停

如何勇敢地面对孤独和挑战

世界喧嚣纷扰，我们常被繁忙的日程和无尽的责任紧紧束缚。因此越来越多的人果断选择独自出发，只身一人踏上一段未知的旅程。韶仪就是其中之一。

韶仪上次独自旅行，是去云南丽江。丽江古城的每一条小巷都充盈着新奇与憧憬。清晨，她漫步在静谧的石板路上，沐浴着温暖的阳光。

没有精细的规划，没有紧凑的时间表，她随心所欲，随走随停。

“一个人旅行不孤单吗？”韶仪的表妹曾问她。表妹的问题背后，藏着都市人最典型的恐惧——害怕与自己独处。我们用社交和娱乐填满每一处空白，唯恐面对内心深处那个陌生的自己。

“压根儿不会。”韶仪微笑着说，**“独自旅行的美妙就在于，你可以完全按照自己的节奏，去你想去的地方，做你想做的事情，没有任何束缚，真真切切地感受到内心的宁静和自由。”**

表妹在投资银行工作，每天都被安排得满满当当，她习惯了精确到分钟的日程，习惯了将自我价值量化为年终奖的数字。

表妹在韶仪的鼓励下，开启了一次独自旅行。旅途中，她用心记录每一天的经历和感受，从最初的忐忑不安逐渐变为从容自得。她惊喜地发现，原来自己可以如此专注地感受一杯咖啡的温度、一首陌生语言的歌谣，甚至是一场无言的日落。原来星空不用打卡也能欣赏，时间可以慢得像一杯陈酿，让思绪在其中慢慢发酵。更加宝贵的是，她拥有了重新审视自己的生活和内心世界的机会。

如果心里装满了“赶路”“出片”和“打卡”的焦灼，走到哪里都是囚笼；反之，即使是一条熟悉的街道，也能成为心灵的远方。

心理学家阿尔弗雷德·阿德勒（Alfred Adler）提出，独立性是实现自我的重要途径。而独自旅行，正是培养独立性的一种有效方式。**在独自旅行的过程中，人们学会了如何与自身和谐相处，如何勇敢地面对孤独和挑战，从而深切地了解内心的真实需求。**

所以，旅行最重要的收获不是看了什么，而是在路上遇见了怎样的自己——那个不再依赖由熟悉关系定义的自己，那个能够在陌生环境中找到安全感的自己，那个学会了随遇而安又随性而动的自己。

也许，独自旅行最大的意义不是证明“我可以一个人”，而是明白“我本就是一个完整的个体”——**在这份完整中，我们才能真正地与他人相连，不会再因为害怕孤独而紧握一切不放。**

放下社交面具、只做自己的旅行，或许是我们能给自己的最温柔的礼物。

第二十五天重启人生挑战

计划一次独自出行吧，无论是一次周末的短途之旅，还是一次他乡的漫长远行。把河流还给山川，把自己还给自己。

心安之处，即是归途。

制作你的
漫游愿景板

具体而详细地描绘你向往的地点。
在抵达想去的地点后，
那时你的状态是怎样的？

传说有一位旅行小狗，
永远独自走在路上。
没人知道小狗
来自哪里，去往
何处。
小狗穿过茫茫
戈壁，
也穿过神秘山林。
暴风急雨无法阻挡它的脚步。

只是想去看一看

没亲眼见过的风景而已啦。

5 电话那端是海浪声和心跳声

完全沉浸于心流体验之中

人的幸福的状态，往往源自完全沉浸于当下的体验之中。然而，职场中的我们似乎走向了反方向——焦虑的状态，为未来担忧。**我们将“忙碌”等同于“重要”，把“全天待命”视为职责，这不仅损伤了我们的身心健康，还悄悄偷走了生活中的宝贵财富——随机性与当下感。**

周三早晨，林秋拨通了主管的电话：“我今天请一天年假。”对方问她是否有急事。她停顿了两秒，回答：“没有，就是想看看海。”电话那头的沉默比她预想中要长，最后主管干巴巴地说了句：“注意安全。”

那天，她坐上开往海边的公交车，戴着没有播放任何音乐的耳机，窗外的风景以一种她许久未曾注意的方式流动着。

没有会议，没有截止日期，没有需要回复的邮件。她感到身体里有什么东西正在渐渐苏醒。

当我们日复一日地按部就班，我们的感官似乎逐渐变得迟钝。那些曾经触动心灵的细微变化——季节交替时空气中的微妙差异、自己情绪的细小波动，都渐渐被我们忽略。**我们与世界的联系仿佛隔着一层看不见的薄膜，生活被简化为日历上被一一划掉的日期，以及偶尔在深夜袭来的“我究竟在做什么”的恍惚感。**而在工作日请个假，去没有目的地漫游，正是打破这种麻木状态的绝佳方式。

林秋在海边找了块礁石坐下。手机调成飞行模式后，第一次，她能清晰地听到海浪的声音，还有自己的心跳声。

“正常人不会在周三跑来看海。”一个念头闪过她的脑海。紧接着是另一个更有力的声音：“那么，什么才是‘正常’？每天重复相同的路线，在相同的时间做相同的事，直到退休或死亡？”

林秋掏出手机，拍下眼前的海面，发给主管：“这是今天的会议室。”主管回复了一个惊讶的表情，然后是一句“羡慕”。她忽然意识到，自己的小小叛逆，可能正是别人内心渴望却不敢尝试的自由。

回到公司的林秋，发现自己的工作效率出奇高。那些困扰她数日的问题，在她望着海面发呆的时候，竟不知不觉找到了答案。这并非巧合——心理学早已证明：**当我们暂时放下问题，让思维自由漫游时，往往更能产生创造性的解决方案。**

也许，偶尔在工作日请假放松，不是逃避责任，而是用一种更高效的方式履行责任，是一种更深层次的自律——对自己内在节奏的尊重。

在这个过分规整的世界里，你需要偶尔在本该工作的日子里，请个假，去听一听海浪声和心跳的声音。

第二十六天重启人生挑战

下周三，向你的上司请一天假。带上一本书，或者什么都不带，去一个工作日一般不会去的地方。让自己暂时脱离“有用”的状态，体验纯粹的存在。

哇！大海！

海边拍照

必拍姿势!

看到美景是种幸福，
分享给你，
就有了双倍幸福。

6 我在他乡重启人生

让新风景治愈旧回忆

那天，季暄站在陌生城市的公寓里，四周是尚未拆封的纸箱，窗外是季暄还不熟悉的天空，手机里是母亲第三次发来的微信消息：“你真的决定了吗？”

季暄没有回复，只是将手机反扣在桌上。

人们总说，逃避是懦弱的表现。但季暄更愿意将它理解为一种勇敢的“流动”。

当我们的生命陷入某种僵局，有时候最需要的不是硬碰硬的对抗，而是一种策略性的撤退、一次彻底的位移。

心理学家马丁·塞利格曼提出的习得性无助理论揭示：生物如果长期处于无法逃离的负面环境中，最终会放弃挣扎，即使后来有了逃离的机会也不会采取行动。

这不正是我们很多人的写照吗？被困在熟悉却令人窒息的生活里，被困在安全却毫无生机的舒适区中。

季暄曾经以为，成熟就是学会忍受、学会妥协。

直到那天，季暄在公司楼下的咖啡馆里，被一位博主的视频文案“人生至少要有一次，彻底地说走就走”深深触动了。

环境心理学告诉我们，物理环境会深刻影响我们的心理状态。当我们离开熟悉的环境，大脑中负责空间记忆的海马体会被激活，同时也会激活我们的创造力和适应力。

这不仅是地理位置的改变，更是一种心理上的重置。

来到这座陌生的城市已经三个月了。最初的新鲜感早已褪去，剩下的是每天面对陌生面孔的孤独和不安。但奇怪的是，这种孤独并非全然痛苦。它像是一面镜子，让季暄第一次清晰地看到了自己。

在熟悉的环境中，我们往往被他人的期待和过去的自我所定义。而在陌生之地，没有人知道“过去的你”是什么样子，你有权利卸下所有面具，重新定义自己。心理学研究表明，这种环境变换带来的自我重构，是我们打破固有认知模式，重新整合自我概念的宝贵时刻。

离开熟悉的环境，你便获得了重新讲述自己故事的权利——这或许是离开的最大馈赠。

有天晚上，季暄在楼下的花园遇到一位打过几次招呼的邻居，邻居问季暄为什么来这座城市。

季暄说：“为了逃离。”

邻居笑着摇头：**“不，你是为了‘奔向’。”**

邻居的话，让季暄心底原本影影绰绰的想法突然明朗起来。**重启不是抹杀过去，而是将过去融入未来；不是逃避问题，而是换一种方式面对问题。**

季暄开始在新城市的角落寻找属于自己的痕迹：那家她知道的小书店，那条她熟悉的小路，那个她常去的露台。她感到自己不再是这座城市的过客，而是在用自己的方式与它建立联系。

社会学研究表明：人在陌生环境中会经历“文化震荡”，但这种震荡恰恰是自我成长的催化剂。当我们被迫应对新环境时，我们实际上是在锻造更强大的自己。

现在，季暄依然会想念家乡的一切，但不再为此感到撕裂。

她明白了：重启人生不是要抛弃过去，而是要在流动中找到新的意义。就像河流，离开源头不是为了背叛，而是为了拥抱更广阔的海洋。

有时候，最远的距离不是他乡与故土之间的路程，而是过去的自己与现在的自己之间的蜕变。

当你学会在任何地方安放自己的灵魂，他乡亦是吾乡。

第二十七天重启人生挑战

即使没办法立刻重启人生，也可以在一个闲适的夜晚打开日剧《重启人生》，重温剧中的插曲《Hello，Again ~昔日的旧场所~》。幻想如果有另一种全然不同的人生，此时此刻你在做什么。

大鼻头狗，讲讲你过去的经历吧！认识这么久还没听你说过！
好呀！
大鼻头狗
生活纪实
主演：大鼻头狗
大鼻头狗的
奇幻漂流
主演：大鼻头狗
我有两个版本的过去，你想看哪个呢？
我一直觉得你是奇迹一样的朋友！我先选奇幻版吧！
没问题！
Action！

我的故乡，是编号B-723的鸡腿星，宇宙混沌纪元376年，与鸡翅根星球建立了宇宙合作。
我被任命为交流人员，独自执行探路任务。
在进行虫洞跳跃加速时，我不小心多输入了一个"0"，于是多跳跃了100次虫洞！
啊——

最终我在地球着陆了，飞船也坏掉了。而当时的地球正处于侏罗纪时期，我的飞船不可能修好了。
在修好飞船的技术出现前，我只能留在地球上了。
适应了一段时间后，我决心振作起来，在这里重启人生。
我曾经开过一家专门给恐龙修脚的店，生意还不错。
您有预约吗？没有要等位哟！
我也和猴子邻居一起跳舞，天太冷，我和他们一起烤火。

我还喜欢到处走走。有段时间非常热衷于在金字塔边晒背打盹，却错过了来这里考察的同胞。
愿逆风……
谁在那里？
也会偷偷去紫禁城赏梅，不过有次差点被发现了！
就这样，我在地球过了一年又一年。
最后来到了鸡腿市，这里很像我的故乡。

The End
好精彩！虽然晚了很久，但还是欢迎你来到这儿，希望你每天都快乐！
这就是我重启人生的经历啦！
导演
编剧
我们把纪实版的故事也一并看完吧！
没问题！不过可能有点无聊……

一个平凡的日子，我出生了，因为鼻头很大，所以叫大鼻头狗。
我努力地读书，想去更远的地方看一看。
终于毕业了，费好大劲儿找到了一份工作。
每天希望多赚一点儿钱，早日退休。
公司裁员，被"优化"掉了，找不到新工作，存款也不多，只好换一个物价低一点儿的城市生活。
最终在鸡腿市定居，开启新生活。
剧终
老实说，我更喜欢上一个故事……
每一段经历都组成了独一无二的你，我坚强勇敢的小狗朋友，你会有更多的好事发生！

烤红薯
5元一个

第五章

用味觉唤醒记忆与幸福

1 “正念饮食”，好好吃饭

处理与食物、身体、自我的关系

“正念”，这个词语最早源自禅修的心理训练方法，时常使用在压力管理、情绪调节方面。后来应用在心理学专业领域中时，被正念减压疗法的创始人、心理学家乔·卡巴－金（Jon Kabat-Zinn）定义为：

“以一种特定的方式去关注：刻意的、当下的，且不带评判。”

那么，当“正念”和“吃饭”两个词语连接在一起时，可以理解为，用一种更从容的方式进食，不过多地拘束或苛责。吃饭的时候，就纯粹地享受当下。

当时代的节奏愈发加快，人们生活在一个信息爆炸的环境里，生活与工作的界限愈发模糊，似乎只能以更严格的要求来约束自身，以保证能够适应时代变迁。

对于工作十分辛苦的“上班族”而言，能够轻松触及的放松方式，似乎是吃饭、睡觉、刷短视频这样的缝隙性事件。

但这时，我们又容易出现一种错误的补偿心理，那就是放任自己，胡吃海塞。打开节奏拉快的二倍速视频，点上好几份过量的外卖，让自己吃到再也吃不下。似乎只有这样，才算满足。

生命的欢乐并非在一时的狂欢中获得，而是需要用智慧去守护和滋养。

我们当然可以选择去吃馋了很久的炸鸡、麻辣烫、双倍芝士比萨，这些美味无疑会给人带来情绪上的正向反馈。但重要的是：**人生在世，处理好与食物的关系，就是处理好与身体、内心、自我的关系。**

在每次进食前，询问自己：**“我现在真的饥饿吗？还是只因为压力大或负面情绪在进食？”**通过这种方式，我们可以更好地识别所谓“食欲”究竟是饥饿还是情绪作祟，从而选择更健康的应对方式。

专注于食物本身的味道、质地和进食过程。无论是清淡的沙拉还是热辣滚烫的牛油火锅，如果只是作为短视频的配餐，那味道都会大打折扣。

尝试着在吃饭的时候放下手机，提高对食物的觉察力和感知力，才更有可能尝到食物时常被忽略的本味。

不能好好吃饭的人，一定不能好好地享受生活。

放慢进食速度、专注于食物、享受过程，观察自己的饥饿和饱足。这样不仅能够提升味觉体验，还能改善消化功能和饮食习惯，达到控制体重和减轻压力的效果。

第二十八天重启人生挑战

身体是灵魂的庙宇，好好吃饭，不仅是对身体的尊重，更是对生活的热爱和敬畏。认真对待每一顿饭，只因为，平淡无奇的一日三餐，不可或缺地构成了漫长而不凡的一生。

今天我吃了什么

我对今天饮食的感受：

早餐

午餐

晚餐

加餐

2 吃点垃圾食品怎么了？

为做出的选择负责

在许多人眼里，好好吃饭意味着恪守营养条例、严格执行配比得当的准则，每日蛋白质、碳水、脂肪摄入都要严防死守；稍有不慎，就是“不好好吃饭”。

有趣的是，某位长寿老人在接受采访时，面对记者的提问：“您每天吃什么来保证健康长寿呢？”回答却让人意想不到：**“想吃什么就吃什么，只要适当，什么都可以吃。”**

这就是老人口中常说的，“糊涂难得，难得糊涂”。

想吃什么就吃什么，当真是糊涂吗？这个问题，如果必须找一个答案的话，得从心理的满足机制说起。**被大众所熟知的马斯洛需求理论，将人的需求分为生理、安全、社交、尊重、自我实现五个层次。在大多数情况下，吃饭被排在最**

低层次的需求里。

但吃饱和吃得满足，真的不是一回事。

去年思琪在老家和奶奶共同生活了半个月。奶奶八十多岁，身体依旧很好，她每天五点多起床去赶早市，买好一天想吃的菜，再慢慢悠悠下厨、吃饭，满足地下楼散步、打牌。

思琪总说自己在减肥，不吃米饭，不吃油炸食品，奶奶做的许多美食即使摆在面前思琪都拒绝动筷。奶奶也不生气，只是说：**“囡囡，吃饭不是为了填饱肚子，是为了心。人能够掌控自己想吃什么、怎么为吃过的热量负责这件事比减肥重要多了。”**

如果吃饱是最低层次的需求，那每天都能吃到自己想吃的，能够享受美食给自己带来的愉悦，这何尝不是一种自我尊重、自我实现的过程?

奶奶和思琪的两种观念在碰撞着，思琪让奶奶注意身体，奶奶让思琪开心就好，她们总在互相开导、互相学习，其实最终所指向的都是同一个方向——**人选择什么都无所谓，只要能为自己做的选择负责就好。**

思琪现在也会兴之所至，买一大袋薯片和饼干，提溜几瓶碳酸饮料，回家躺着痛痛快快地看点与严肃文学毫不沾边的“无脑爽文”。但她不会再因食物苛责自己，进食后陷入无尽的自我厌恶中。

“难得糊涂！”人生在世，总是规规矩矩、墨守成规，多没意思。

放轻松点，既然人生是一场盛大的冒险，那更要吃爽了、玩爽了再上路。**反正没有“正确”答案，“错”一点，或许更有趣。**

第二十九天重启人生挑战

去一条陌生的美食街闲逛，不刻意记录卡路里，只吃自己想吃的食物。

你的药是错的，可是你的病是对的
你走的路是错的，可是你的目的地是对的
你的流浪是错的，可是你沿路唱的歌是对的
你爱的人是错的，可是你的爱是对的
太热的天气是错的，毛大衣口袋里的钥匙是对的
你做的噩梦是错的，你的梦游路线是对的
你弹的曲子不合时宜，可是那些音符是正确的
经常的挫败是遗憾的，
可是从挫败中诞生的诗是对的
彻底的黑暗是错的，那些仅剩的星星是对的
正襟危坐是错的，整夜跳舞是对的
你犯的罪是错的，可是不完美的人生才是对的

——林婉瑜《对与错》
收录于《爱的24则运算》

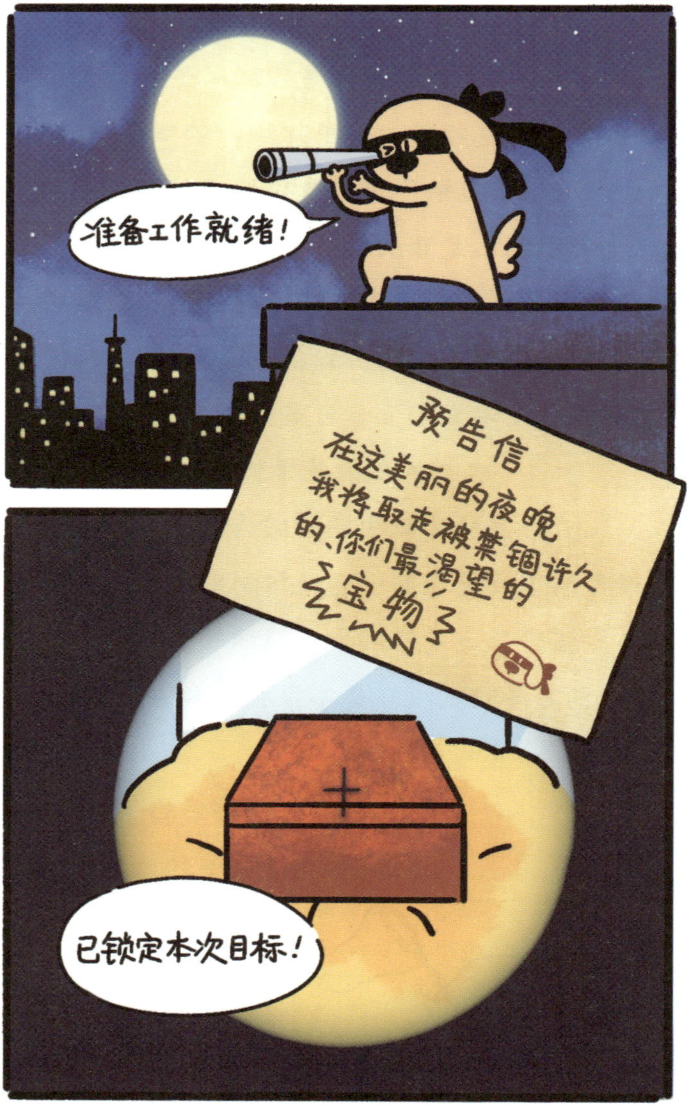
准备工作就绪！
预告信
在这美丽的夜晚
我将取走被禁锢许久的、你们最渴望的
宝物
已锁定本次目标！

*此处学习了蜘蛛侠
危险动作请勿模仿
膝盖好痛！
平稳落地
左右观察
腰！有点酸！

目标到手

好夺目的光芒！
没人能抗拒这
份快乐之光！

人类的快乐宝藏
虾条
重生之魔尊
少侠请留步
女王诞生记
Dog Chips
膨化食品、
网络小说!!
怪盗先生的故事好刺激，嘿嘿！
晃晃
脆脆

3 没有什么是一顿炸鸡解决不了的

美食带来多巴胺

看完电影《绿皮书》之后，有句台词让人印象深刻：**“嘿，兄弟，我告诉你，这炸鸡简直是世界上最美味的东西之一！你一定要尝一尝！”**

何旭像众多年轻人一样，毕业后来到一线城市为生活奔波忙碌。他怀揣着梦想，却在与现实碰撞时屡屡受挫。部门领导刚换，何旭精心准备的方案在公司会议上被领导批评得一无是处：“这都是什么乱七八糟的，重新做！”何旭垂头丧气地回到座位，满心沮丧，他瞬间感觉自己的职场生涯一片黑暗。

下班后，他拖着沉重的步伐，漫无目的地走在街头。手机铃声响起，是发小阿磊打来的：“兄弟，咋啦？听你声音不对，出来聊聊呗！”何旭和阿磊在常去的小吃街碰面，阿磊看着何旭那副失魂落魄的样子，二话不说，拉着他走进了一家炸鸡店。

“来，先吃！没有什么是一顿炸鸡解决不了的！”阿磊把一块金黄酥脆的炸鸡塞到何旭手里。何旭咬了一口，口感外酥里嫩，香味瞬间在嘴里爆开。“哇，真香！我还以为我会没有食欲呢，哈哈哈！”何旭忍不住感叹。

吃着吃着，何旭的心情慢慢好了起来。他开始和阿磊倾诉工作中的烦恼，阿磊认真地听着，不时点头安慰。调整好了心态，晚上回到家，何旭思考了领导的要求后，静下心来，按照每一条要求修改方案，赶在半夜十二点前发了出去，心想着：“反正我已经尽力了，爱咋咋地吧。”

两天后的晨会上，之前被否定的方案经过他的修改，得到了全部门的认可，何旭奇迹般地在会上受到了表扬。会后领导也与他私聊，坦露前几天发火是因为之前项目对接不顺利，以后不会再把私人情绪带到工作中。何旭觉得自己仿佛迎来了新生，下班后约了阿磊去吃炸鸡，他举起一块鸡腿：“多亏了你和炸鸡，让我撑过了难熬的日子。”阿磊笑着，也举起来一块鸡腿：**“来，碰鸡腿！样样好！”**

美食始终有一种特殊的治愈力量，它能够通过刺激味蕾，引发大脑释放多巴胺，从而带来愉悦感和满足感，帮助人们缓解压力和负面情绪。无论生活给了你多少暴击，别担心！别害怕！来一顿炸鸡，让所有的烦恼都随着那“嘎吱嘎吱”的咀嚼声消失不见！

第三十天重启人生挑战

不管今天是星期几，拉上身边的小伙伴，吃一顿炸鸡，拍下对方啃炸鸡、薯条的可爱模样，把照片发给对方。

美好的生活

不在于按照他人的规则生活。

给自己一个不被打扰的空间，

准备些美食、美酒，

但别贪杯，放些轻快的音乐，

关掉手机通知，

允许自己什么都不想，

这是属于自己的治愈时刻。

那一天，我与炸鸡
一见钟情

我也会把很多秘密

分享给炸鸡。

炸鸡，我有点难过……可是不知道怎样做才能变得开心一点。
大鼻头，和我在一起的时候，你是快乐的吗？
当然是非常快乐！
那么，当你难过的时候，就来找我吧！

虽然有很多不如意的事让我难过，
炸鸡也不能解决什么，
但和炸鸡相处的时候，
我可以暂时抛开一切忧愁。
世界上还有炸鸡这么美好的存在，
这就够让我再打起精神啦！

4 吃着火锅唱着歌

与他人共同参与积极的活动

周日，嘉月被窗外的阳光温柔唤醒。她惬意地在柔软的被窝里伸了个大大的懒腰，正打算再赖会儿床，手机铃声却不合时宜地响了起来："你今天加班没？好冷，想吃火锅！"电话那头传来闺蜜的声音。

"没加班，不过我头油，也不想化妆。你直接来我这儿吧。"嘉月提议道。挂断电话，嘉月迅速起身，简单洗漱后便一头扎进厨房，开始为美食而忙碌。

不一会儿，闺蜜拎着满满当当的袋子风风火火地来了。两人在厨房里默契地忙活起来：闺蜜熟练地挑着虾线，嘉月则精心摆弄着蔬菜，把它们摆成好看的形状。平板电脑在旁边随意放着电视剧，两人仿佛在看，又仿佛没看，自然而然地跟着片头曲哼唱着。

食材在锅里欢快地翻滚着，热气腾腾，香气四溢。嘉月和闺蜜把餐桌搬到了窗户边，窗外的雪景如画，屋内温暖如春。

火锅是最小单位的人间烟火。

她们打开投影仪，继续播放电视剧。嘉月夹起一块鲜嫩的毛肚，在滚烫的锅里涮了几下，放进嘴里，满足地感叹："这味道绝了，不知道古代那些佳人吃过没。"闺蜜被她的话逗得哈哈大笑。

正吃得开心，嘉月的手机屏幕突然亮起，房东发消息说房子着急出售，要求租客月底就得搬走。嘉月只觉得脑袋"嗡"的一声，心情跌落到了谷底。

这大雪天的，搬家多不方便啊！

闺蜜若有所思，提议道："我那房子也快到期了，要不咱们合租吧？既能相互照应，也能分担一些房租。"嘉月听了，眼睛里散发出希望的光芒，但又隐隐担忧能否找到合适的房子。

闺蜜仿佛看穿了她的心思，拍着胸脯说一起努力肯定能找到。

吃完火锅，两人顾不上收拾狼藉的餐桌，就开始在网上搜索租房信息，还制订了详细的搬家计划。

不知不觉，天色渐暗，窗外的雪越下越大。但嘉月的心里却不再焦虑，反而充满了对未来的期待。这一天，虽然遭遇了租房的难题，但因为有火锅、闺蜜、电视剧的陪伴，嘉月觉得自己又充满了能量！

根据社会心理学家埃利奥特·阿伦森（Elliot Aronson）的社会增益理论，与他人共同参与积极的活动，能够增强个体对该活动的享受感，提高满意度。外面寒风凛冽，而屋内温暖如春。两个女孩躺在床上，敷着面膜，找着房子，畅想着合租的欢乐生活。

第三十一天重启人生挑战

今晚回家和闺蜜打视频电话，聊聊共同喜爱的电视剧，聊聊自己，八卦一下对方目前的感情生活。

今天吃什么挑战！

地图随机戳

在手机地图上放大你所在的区域，
随便闭眼戳一个点，
查看附近的美食评分，
选一家最感兴趣的餐厅，直接冲过去！

记得提前设置筛选条件，
比如“人均不超过100元”“评分在4.5分以上”，这样不容易踩雷！

肉卷贵人,你一定要向本宫告发鼻贵妃,到底所为何事?
臣妾要告发鼻贵妃!
鼻贵妃已连续五顿没有吃牛油辣火锅!这是对牛油皇上的背叛!
若有半句虚言!
全族香煎慢炸而终!

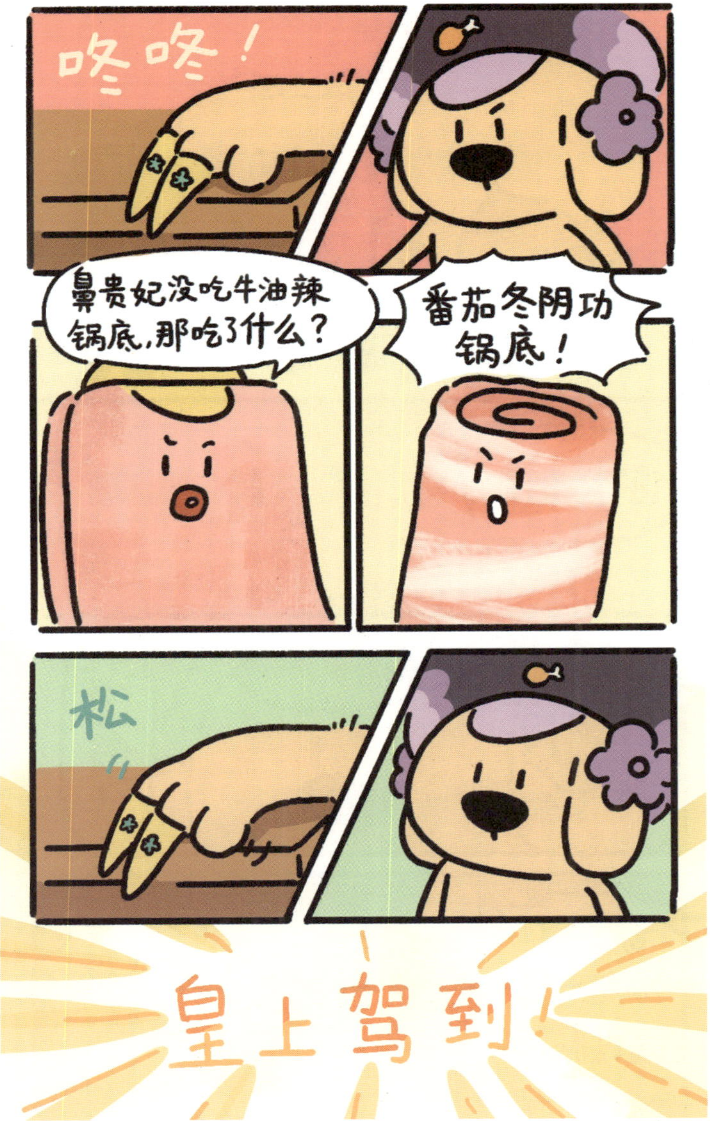
咚咚！
鼻贵妃没吃牛油辣锅底，那吃了什么？
番茄冬阴功锅底！
松
皇上驾到！

你有没有？
没有！
胡说！朕这一集看过17遍！
你竟敢骗朕！

来人！赐死！
小小牛油底料竟敢命令本宫！喝开水吧！
关火
高火
火锅吃撑，睡着了。

5 留恋童年的“好味道”

熟悉的味觉刺激唤起曾经温馨的记忆

“中国人对食物的感情多半是思乡，是怀旧，是留恋童年的味道。”玉和也不例外，留学在外，姥姥亲手烹制的那些美味，是她思乡记忆中最温暖的部分。

还记得小时候，每逢周末，玉和总会迫不及待地跑到姥姥家。姥姥在厨房里忙碌，小小的玉和就像个跟屁虫，紧紧跟在姥姥身后。姥姥做莲藕排骨汤的时候，玉和就站在小板凳上，努力探出脑袋，好奇地看着姥姥熟练地切藕、处理排骨。姥姥笑着让玉和帮忙递调料，她小手紧攥着盐罐，小心翼翼地递给姥姥，眼神里满是认真和期待。

复活节假期，玉和打算集中精力，抓紧时间准备 CFA（特许金融分析师）考试。房间里，摊开的书本和写满笔记的纸张堆满了书桌，她全神贯注地梳理着章节重点，手中的笔不停地在纸上写写画画。

手机铃声响起，是妈妈打来的视频电话。屏幕那端，是妈妈熟悉的笑颜。

“闺女，复活节放假也不出去玩玩？最近咋样？学习累不累？”母亲的声音里充满了关切。

“妈，我还行。最近忙得没日没夜，趁着放假有时间，集中精力准备考证。”玉和一边回答，一边用手理了理有些凌乱的头发。

母亲笑着说：“今天家族聚会，大舅、二舅他们都来家里了，热闹极了。”

镜头里，家人们纷纷凑过来：“玉和呀，在那边要照顾好自己！学习别太拼命，该放松也得放松……”

镜头切到姥姥，玉和更激动了：“姥姥，我可想您啦！”

姥姥笑着说：“乖孙女，姥姥也想你。能在视频里看到你，姥姥这心里啊，高兴！”

玉和接着问道：“姥姥，我特别馋您做的莲藕排骨汤，您快给我讲讲怎么做呗。”

姥姥耐心地回忆：“这简单，先把莲藕洗得白白净净的，切成大小均匀的块儿。排骨要冷水下锅，加上葱、姜、料酒焯水，去掉腥味，然后一起放进锅里，加上适量的水，用小火慢慢炖上一阵儿……”

玉和赶紧记在备忘录上，挂了视频，换上衣服就去超市买藕了。

藕这稀奇玩意儿在当地超市还买不着，玉和又一路小跑，来到了更远的中超。看见店员正在往货架上放莲藕，她二话没说，挑了根最大的。回到住处，玉和系上围裙，满心欢喜地开始动手。

“啊”的一声，去皮的时候玉和不小心把左手划了道伤口，她赶紧喷了碘伏，贴上创可贴，继续备菜。当食材都放进锅里，小火慢炖着，厨房里渐渐弥漫起熟悉的香气。玉和盯着锅里翻滚的汤汁和粉色的藕节，仿佛看到了小时候和姥姥一起在厨房的温馨场景，听到了家人的欢声笑语。

根据生理学家巴甫洛夫的条件反射理论，这是儿时美食的味道和与之相关的情感体验在大脑中形成了稳固的联系。

当再次尝试制作这些美食时，熟悉的味觉刺激会唤起曾经的温馨记忆和情感，从而给人带来强烈的归属感和安全感。揭盖后第一件事，就是将诱人的照片发在家庭群里，坐等七大姑八大姨们的夸奖。玉和这顿亲手做的莲藕排骨汤，不仅温暖了她的胃，更抚慰了她在异国他乡思念亲人的心。

补充完能量继续刷题了，嘿嘿！今晚可以废寝，但不能忘食。

第三十二天重启人生挑战

给家人分享一张自己做的美食的照片，可以是一碗手擀面，可以是一盘西红柿炒鸡蛋，也可以是任何你喜欢的美食，然后聊聊自己的近况。

给你最喜欢的童年美食
拍张照片吧！

第一步，把处理好的鱼切花刀，并腌制入味！

第二步，在腌制好的鱼表面均匀裹上一层面粉！

第三步，将鱼放入油锅，炸至熟透！

第四步，另起热锅，加入糖、醋、红薯淀粉兑成的汁，不停搅拌！

第五步，把调好的糖醋汁均匀地淋在炸好的鱼上！

第六步，在表面撒一些香菜作为装饰（不吃香菜的朋友可以不加），一道美味的家常糖醋鱼就做好了！

来请我的评委尝一下，是不是记忆里的味道？
特邀评委
八岁的大鼻头狗
嗯……味道是非常不错的，但和我吃的味道比起来，好像少了一点儿什么……
我知道少什么了！

少一些暑假吃饭时听见的蝉鸣声！
少一些过年吃团圆饭时看到的烟花！
少一些生病时妈妈做的饭菜的香气！
大鼻头，回家吃饭啦！
还少一些写完作业后在外面玩耍时，闻到的炊烟味！

把这些都加进去，味道就差不多了吧！
哇！
没错！就是这个味道！但还差一点儿什么……
差点儿什么呢？我觉得很完美了呀！
嗯……是种很久没出现过的滋味……
我知道了！

还差一点儿小时候吃到美味饭菜时发自内心的快乐！
欸？你现在吃好吃的不快乐吗？

尝尝看吧！
就是这个味道！
完美

6 瓜汁、桃汁进入喉咙，兀兀作响

享受美食，享受当下

“看小孩吃西瓜，或水蜜桃，瓜汁桃汁入喉咙兀兀作响，口水直流胸前，想人生至乐，莫过于此。”林语堂先生《我来台后的二十四快事》中的这句话，充满了对生活中简单快乐的细腻捕捉和深深陶醉。

治文平时就特别喜欢在网上刷各种小动物的视频，“网红”动物卡皮巴拉是他的心头爱。那些卡皮巴拉或憨态可掬，或机灵俏皮的模样，总是能让他忍不住嘴角上扬，忘却一天的疲惫和烦恼。

周六没有睡懒觉，治文去了野生动物园，想要近距离感受卡皮巴拉的真实魅力。

他目标很明确，第一站径直来到了卡皮巴拉的园区。眼前的卡皮巴拉们正沉浸在属于它们的美食盛宴中。一只圆滚滚的卡皮巴拉紧紧地抱着一个熟透的果子，那模样就像是捧着世界上最珍贵的宝贝。它先是用肉嘟嘟的小鼻子轻轻地嗅了嗅果子，眼睛里瞬间绽放出惊喜的光芒。接着，它张开嘴啃了一小口，果汁瞬间迸射而出，“兀兀”的声音清脆而动听。果汁顺着它的嘴角流下，浸湿了它胸前的绒毛，但它毫不在意，只是尽情地享受着这美味，喉咙里不断发出满足的吞咽声。

不远处，另一只卡皮巴拉正欢快地“对付”着一块西瓜。它兴奋地用爪子拍打着西瓜，仿佛在庆祝即将到来的美味时刻。当它迫不及待地咬下第一口时，“咔嚓”一声，西瓜清脆地裂开，鲜红的瓜瓤展露无遗。清甜的瓜汁四溢，它的小脑袋不停地晃动着，嘴巴快速地咀嚼着，吃得津津有味，那可爱的模样让人忍俊不禁。

治文站在围栏外，眼睛一眨不眨地注视着这一切，心中充满了温暖和喜悦。卡皮巴拉们专注地享受美食的神态，它们毫无保留地投入当下这一刻的模样，深深地感染了治文。看着它们吃得如此满足和快乐，治文满身的疲惫都仿佛被这温馨的画面给一键清除了。

从心理学的角度来看，这种全身心投入并享受当下的状

态符合心流理论，《心流：最优体验心理学》一书将其描述为人们在全神贯注地投入一项活动中时，所体验到的一种全身心沉浸其中的忘我状态。

卡皮巴拉们在品尝水果时，完全沉浸在美食带来的愉悦感中，进入了心流状态。而治文被它们的快乐所吸引，全神贯注地观察和感受，也同样进入了心流状态。

生活中的“小确幸”往往就藏在身边那些不经意的瞬间，只待我们停下匆忙的脚步，用心去观察、去感受。

第三十三天重启人生挑战

午休时间在视频网站上搜“宠物搞笑瞬间”，看几个视频治愈自己，并将这些有趣的视频分享给伙伴们。

师傅，你是干什么工作的？
我是西瓜抠籽师！
我会抠掉西瓜里每一颗西瓜籽，保证口感！

我是香蕉喷色师！
多喷一点儿黄色，才能更好吃一点儿！

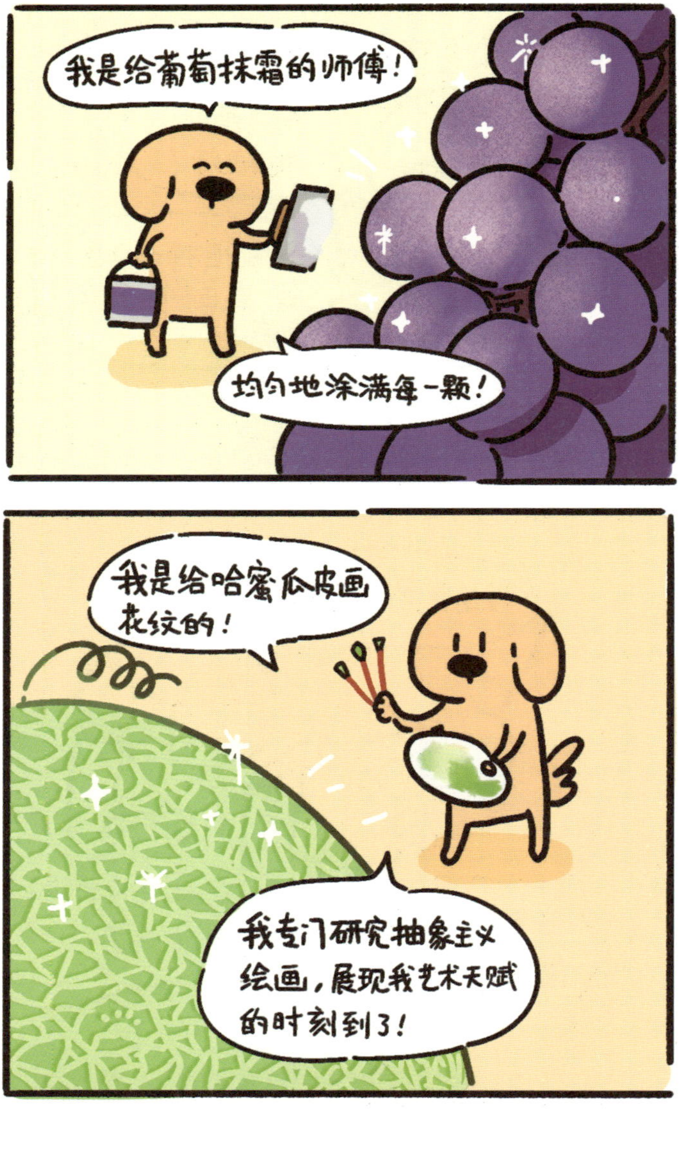
我是给葡萄抹霜的师傅！
均匀地涂满每一颗！
我是给哈蜜瓜皮画花纹的！
我专门研究抽象主义绘画，展现我艺术天赋的时刻到了！

我们的服务宗旨：
为您带来更美味的水果！
专业团队
所以也请好好地享受
吃水果的快乐哟！
您的快乐是对我们最大的肯定！

第六章
整理空间，整理内心

1 归置东西，重新建立心理秩序

专注于自身“课题”

在快节奏的现代社会中，许多人常常被繁重的任务和复杂的情绪压得喘不过气来。

手机的通知不断，邮件和信息一波接一波，工作中的紧急任务让人焦虑不安；家庭琐事、社交媒体的刷屏信息也让人感到压力重重。

日复一日，这种忙碌让人仿佛深陷无形的混乱旋涡，越是挣扎，越是深陷其中。

这种混乱，不仅仅是外界环境的杂乱无章，更是内心深处的一种心理困境。

过多的信息、繁重的责任、理想与现实的差距，以及情绪的干扰，常常让大脑过度负荷。思维逐渐卡顿，反应迟缓，难以高效应对问题。焦虑、愤怒和沮丧等情绪则如同乱麻般缠绕着理智，让人无法保持清晰的思维、做出正确的决策。

如何在人生充满混乱时保持平静与安定，是每个人必须面对的课题。在成长的过程中，我们最终都会问出这个问题：“人生的意义究竟是什么？”

阿德勒的课题分离理论或许能为我们提供一种解脱之道。课题分离强调每个人都有属于自己的课题，应该专注于自己能够掌控的事务，而不应过度干涉他人，也不应被他人的问题所困扰。

课题分离帮助我们明确责任范围，将精力集中在可以掌控的事务上，从而减少外界的纷扰，逐步理清思绪，恢复内心的平静与秩序。

“混乱的房间”映照的是你混乱、迷茫的心。

整理外部环境是一个重要的开始，清理周围的杂物，让空间变得井然有序。这种外在的秩序感，会自然影响内心的平静。同时，设定明确的目标有助于指引方向。当知道自己下一步该怎么走时，内心的无措感也能随之减少。

感到焦虑或有压力时，我们可以通过适当的深呼吸和放松来管理情绪，进而恢复平静。通过正念的练习，专注于当下，将注意力集中于眼前的事物，减少对未来或过去的过度忧虑。

在纷繁复杂的世界中，保持清晰的头脑，能够从容面对生活中的各种挑战。

当内心恢复平静与秩序时，生活也会变得更加清晰而有意义。

第三十四天重启人生挑战

心理秩序不仅是外在的整洁与有序，它更是一种内在的平和与安宁。锚定自我的内心世界，设定稳定的秩序感，迎接更加有序、充实的人生。

我们整理了一份能够“延长”周末的神奇攻略，请注意查收：

工作日这样做

在天气好的时候稍微放下手头的工作，去楼下晒晒太阳。下班后打开勿扰模式，一回到家就洗澡，尽快摆脱工作带来的疲惫感。认真地做自己喜欢的事情，学习或是运动。

周四清洁日

将周四晚上安排为清洁日，用来处理那些平时放在周末干的家务琐事，比如打扫卫生、洗衣服、整理房间等。当周五晚上回到家，发现自己拥有一个干净整洁的房间和整整两天可以自由支配的时间，自然就会感觉周末被“延长”了。

周五“爽飞”日

每到周五，出门看到花花草草都是美丽可爱的。午休时在脑海中计划好周六去哪儿玩，去吃什么好吃的。下班后去做一件让自己快乐的事：和朋友聚会聊天，去逛逛街边小店，品尝美味的夜宵……晚上满怀期待地睡去，毕竟还有美好的周末在等着你。

周六“特种兵”日

追求新环境、新体验是“延展时间”的有效方式之一。早早起床，避免浪费半天时间，做一些工作日做不了的事，比如：学习新的技能、探索新的地方、认识新的朋友等。因为，在我们探索不熟悉的环境，做不熟悉的事情时，大脑会专注地收集、学习全新的信息，感知到的时间也会比实际的时间更长。

周日赖床日

醒来就临近中午了，正好安排一些需要花费时间和专注力的放松身心的活动，为爱好留出整块的时间，比如：播放喜欢的音乐，看治愈系书籍，和家人去公园散步，等等。

最后临睡时快速列出周工作计划，把第二天上班要穿的衣服、要带的工具准备好，以满满的精神与动力迎接新的一周的来临。

2 进门之前记得喷一下“祛班味清新剂”

身体疲惫、精神内耗与无尽的焦虑

被上班的高压环境浸泡过后的人，可能浑身都会散发着浓重的“班味”……

“班味”是暗沉的脸色和邋遢的穿着，是从头到脚大大小小的膏药和职业病，但“班味”的最高层次——麻木，是最可怕的精神损耗。

长久地面对枯燥繁复的工作之后，终于发现，自己不再拥有从前那种“为小事雀跃”的能力。人总是在懵懵懂懂的时候渴望飞速成长，想象自己未来成为光鲜亮丽的都市白领，每天抱着笔记本电脑，捧着一杯咖啡，快步穿梭在高耸的写字楼里。

然而当某一刻，这些期待被一点点努力实现后才会发现，想象中的喜悦与幸福，并没有如期而至。

傲南回忆起自己最开始的心愿，只是“想挣到足够的钱去四处旅行”。直到那天，他终于攒够旅行基金，用光年假，买到梦想中的那张飞往海岛的机票，自己一个人办签证，过海关，飞机在万米高空中向着十年前的目的地驶去。

心愿实现，傲南却并没有想象中愉悦。

人们总是迟迟地醒悟：最珍贵的不是余额，是不可再生的期待。如果太执着于“成为”本身，执着于一个皆大欢喜的结果，想要圆满，想要变得更厉害、更成功，在这过程之中，可能得不偿失。

在心理学层面上，这是一种心理应激反应失调。当情绪长期处于焦虑、急躁等高压状态之下，原本正常的情绪反馈机制就会罢工，此后面对各种类型的刺激，不分好坏，都会呈现一种“自保式”的麻木。

这样的麻木，伴随着注意力与感知力的锐减，思维呈现一种单线程式的状态。为了工作不爱惜身体；又因为聚焦某项指标，不断内耗、自我否定；想离职休息，又害怕一系列不可控因素的出现。

“班味”的形成，无非是身体疲惫、精神内耗与无尽的

焦虑。

长此以往，恶性循环，人当然会肉眼可见地变得疲惫。

醒悟之后，开始去做那些从前安慰自己“做不做都行”的事情，不再下意识地委屈自己，一点点找回那些丧失的感受力。

反正工作无论如何明天都得做，而现在，按照你的方式，度过你的“下班时间”。

第三十五天重启人生挑战

研制一款属于自己的“祛班味清新剂”，发掘自己擅长的、喜爱的事物，而后去享受它。

宝宝们，欢迎来咱们直播间！新来的宝贝点关注领红包！
咱们家主推的是这款“祛班味清新剂”！效果就是去掉上班很久后因疲惫而产生的“班味”！
我们独家研发的技术可以让效果更久！宝宝们，我们试一试旷野香型吧！
仿佛来到雪山、草原，
同天地万物一起呼吸！

再试一下雨后香型！这款味道让人想起在午后，一边看书发呆，一边听雨打蕉叶声的情景！
最后是十分有活力的味道，名叫"运动起来"！
是完成运动之后痛快舒畅、充满成就感时感受的味道！

香香饭菜味！
月下花香味
还有更多新香型可选择！
现在还有会员活动，凭加班记录领券！
加班满30h减3元，满50h减8元，满80h买一送一。
大家自助下单吧！我要去收集"祛班味清新剂"的主要原料了！明天见！拜拜！
挎上
下班
自由的空气！

3 像床单一样感受暖洋洋的日光

NLP 意义换框法，打破固定的思维模式

很多年之后，你是否还记得，小时候睡得最好的那一晚。

吃完晚饭，和妈妈一起去顶楼收晒干的被子，被洗衣液洗透的布料干净平整，一丝褶皱都没有，凑近还能闻到淡淡的香味和扑鼻的阳光气息。用被单蒙住头跑来跑去，闭上眼像穿梭在阳光海里，妈妈催促下楼的声音在那一刻都变得远了一些。

洗完澡在重新铺好的床上躺下，床单软绵绵的。不需要游戏机和故事书助眠，很快，你就陷进带着阳光味道的睡眠中。

那是回忆起来最甜美的、最畅快的一觉，直到天亮，没有做梦。

阳夏想，她总是在被那样的阳光味道环绕着，直至今日，

依旧没有消散。

这是她离职的第十四天，离开了必须二十四小时在线、必须随时回复工作消息的环境。此前，阳夏像一张被各种压力揉皱、挤压的废旧布料，时常感觉自己再也无法做出任何贡献，却总是在做无用的挣扎，过往的经历沉甸甸地压在她的心上。

昨天她像妈妈那样洗好床单，沉沉地睡了过去后，她梦见自己也变成了一张暖洋洋、平整柔软的床单。

NLP 意义换框法，是一种面对心理困境时非常奏效的技巧，它的意义在于打破固定的思维模式，重新建立一种心理秩序，从而发现新的可能性。

这种技巧分为五个步骤：识别—列举—寻找—重构—实践。

在过往的工作里，阳夏总认为自己一无是处，但那床阳光下的被子总是包裹着她的身心，告诉阳夏："只要洗洗干净、晒晒太阳，你也会和我一样。"

人们总是太看重一些不该看重的东西，反而把真正重要的事情都忽略。

世界上没有一份工作，是需要付出自己的全部生活、人

格、自信的，这怎么算都不是一笔划算的买卖。

真正应该做的，是像妈妈教小时候的阳夏，怎么一点点用手搓掉床单上沾到的零食的辣油一样，一点点洗掉那些不堪回首的事情，再站在阳光下，等待被太阳晒透。

一切恢复如新。

第三十六天重启人生挑战

“有一个夜晚我烧毁了所有的记忆，从此我的梦就透明了；有一个早晨我扔掉了所有的昨天，从此我的脚步就轻盈了。”

愿你我，睡前原谅一切，醒来便是重生。

你对不确定性的耐受程度是多少？

认真阅读下面每一条并给出相应的评分。

3= 非常同意，2= 同意，1= 有点同意，0= 不同意。

- 我必须对自己做的每一个决定都十分有把握。
- 如果不知道明天会发生什么，我就很难放松下来。
- 如果我不格外小心，对我不利的事情就会发生。
- 为了让自己感到安全，我需要为任何可能出错的事情做好尽可能多的准备。
- 对我来说，提前考虑到不同情况会产生的所有结果是很重要的。
- 我总是想知道未来会发生些什么。
- 我经常一遍又一遍地检查以确保不会发生不好的事情。
- 我不喜欢我的未来有太多不确定性。
- 我经常担心会有不好的事情发生，比如：遭遇事故，家人出意外或是生病了。
- 哪怕极小的疑虑也会严重影响我的行动。

你的得分：________

0-15 分，你给人的感觉像这句话："你拥有阳光的一切喜悦。"

16-24 分，在日记本第一页写下："生活应该是幸福主义。"

25-30 分，尝试深呼吸，对自己说："放轻松，你所担心的事情也许不会发生。"

开通会员跳过广告
海选报名
令人心动的离职
x1.5
人生是旷野，生活有无限可能！
来这里分享你的离职故事，让我们为你铺好未来的道路！
大鼻头狗
离职1个月
报名选手都赠送美味食品八折优惠券！
想报名试试，但好像根本没戏……
报名

令人心动的离职
鸡腿市海选现场

请各位选手分享离职原因！

这位小狗，能展开说说你的离职故事吗？
不开心就离职？会不会太冲动了？
这也是一种个人选择啦……
好的……其实我的离职故事很普通……
我的工作也不是不能干下去，
只是有一天，我发现我不会快乐了。
我在工作中，失去了感知美好的世界的能力。

深夜加完班回家，偶尔才会想到很久没见过月亮了，更多时候会想明天的工作清单该怎么完成。
外卖的味道咸咸的，好久没吃家人做的饭了。
3版
6版
终版
终版-2改
确认一版
复盘
凌晨1:32
客户群有反馈，你去回一下。
收到。
好困……等一下，刚刚我刷什么视频来着……

我渐渐觉得像生活在一颗漂亮的水晶球里，只有塑料雪花无数次落下。它们好像碎纸机里的合同碎屑啊！
虽然有工作，不愁生活，但我的生活里全是工作，这是不是不太对劲呢？

这位小狗，我理解你的离职原因了。既然不开心，那就休息一下。

离职后的日子，你打算怎么度过呢？

我打算什么也不做。

我只想花一段时间，
去重新培养对生活的爱。

我有美味食品优惠券！
可以在这里用吗？
白菜
特价！

4 1000片拼图，我和你拼了！

心理熵减，设定与分解目标

有一项国外的研究表明，小孩或许比大人更加适合并擅长拼拼图。**众所周知，拼拼图需要很强的空间认知能力和想象力，同时需要保持长时间的专注和耐心。在上千块形状大小都差不多的拼图里，要找到正好需要的那一个，需要非常平静的内心。**

周周和好朋友住在一个城市的两边，平时工作日不太能见面，所以周末的午后，聚在周周家，房间里放着轻音乐，两人窝在卧室的地毯上，一起拼上周没拼完的月球拼图，成为她们近来最期待的事情。

那盒月球拼图是周周生日时收到的礼物，由于难度太高，周周找了好朋友一起帮忙。一开始不得要领，每找一块都大费周章。后来慢慢上手，两个人一边聊着这一周的大小事情，一边拼拼图，时间一下子过得好快。

那几个小时里，她们脑海中只有想要同对方说的话和下一块拼图的形状，没有朋友圈，没有繁琐的社交，生活一下子聚焦到无比具象的事情上。

要知道，幸福的秘诀就是找到专注力，专注于手头的事情，专注于自己的生活，专注于将生活的拼图一点点变完整，就不会再沉溺于那些细微的不幸福瞬间。

“心理熵减”指的是个体面对不确定性、压力和混乱的时候，逐渐寻求稳定、建立有序状态的心理过程。

“熵”，被用来比喻心理系统中的混乱和不确定性。

在“心理熵减”的过程之中，最重要的就是目标的设定与分解，建立属于自己的秩序和规则，来增加掌控感，以此增强自信。

小孩之所以心更静、更擅长拼拼图，恰是因为“熵”比较少。

能够活得像小孩的人，拥有更纯净的灵魂。

他们或许看起来与成人世界格格不入，和世俗观念中的成功背道而驰，但他们一直在拼自己心中的那幅生命拼图，不麻木，不从众，不肤浅，不迎合。不再需要肤浅的身份和角色认同来证明自身的存在和成功，内心自有蓬勃的生命力和坚守不变的初心。

这便是身处世间，保持幸福的秘诀。

第三十七天重启人生挑战

要想重新拥有孩童时的单纯心境，便要学着做减法，忘掉生活中一切令人烦恼的事情。

只记得待会要吃什么，晚饭过后要和最好的朋友一起去公园踢球，再去吃个冰淇淋，就足够了。

幸福的秘诀就是找到专注力，

专注于手头的事情，

专注于自己的生活，

专注于将生活的拼图一点点变完整。

和大家分享一件超解压的事！
拼拼图！
将破碎的拼图耐心地
一片片拼回、复原，
就像拯救世界的英雄小狗！

在一个无聊的下午，
就这样专心又激情澎湃
地拼好拼图吧！
可能有人会问：总是
找不到正确的拼图
碎片，这该怎么办呢？
当然是——
使劲按进去啦！

5 间歇性收拾屋子综合征

放下繁杂，回归本我

每一个长时间独居的人，都逃不过给房间“断舍离”的过程。

网络上，关于怎么“断舍离”的教程五花八门，有的是分房间的大小，有的是分种类，有的只管扔，有的说整理归类比直接扔更重要。**“断舍离”的核心概念，其实很简单，就是要通过舍弃、整理，将心中无用之物抛弃，为人生减负。**

将这个观念延伸到更广义的范围——“断”不再是丢掉不需要的东西本身，而是断掉所有不断消耗自己的、无谓的烦恼，放过自己；“舍”也不再是单纯地清除重复的物品，而是舍弃不需要的一切，简化再简化；“离”则意味着处理自己与他人的人际关系，离开那些让自己不舒服的人。

断欲、舍物、离人，“断舍离”不仅仅是一种房屋的整理理念，更是一种人生理念——**放下繁杂，回归本我，将生活中的复杂性降到最低，才能专注在真正重要的事情上。**

从现在开始，扔掉许多年未穿却一直占据衣橱大部分空间的旧衣服，扔掉跟风买了许久但从未使用过的破壁机和眼影盘，扔掉外观花里胡哨但盖在身上会皮肤过敏的劣质毛毯……

不要再轻易被自己根本不需要的低质物品吸引目光，如果你想要一个白色的杯子，那么购物时从一开始到最后，都要记住，你只需要一个白色的杯子。

不是黑色的，不是碗或者盘，不需要花里胡哨的其他功能，也不要去和时兴的其他杯子比较。

重复默念：“我只要那个白色的杯子就足够了。”

“我们的生命就如同一次旅行，背负的东西越少，背包越轻盈，越能发挥自己的潜能和优势。当缘尽了，就潇洒地放手，不仅仅对物品，对一切都能做到这样，这就是‘断舍离’的意义。”

第三十八天重启人生挑战

在信息爆炸的时代，最需要“断舍离”的，恰恰是我们能接触到的无效信息。

你可以选择用一天的时间来做个简单试验：

早起醒来后不再拿起手机浏览八卦讯息，专注于思考今天对自己的意义；

午休吃饭时关闭电视剧和播客，静静品尝食物的本味；

临睡时用打电子游戏的时间整理自己的家庭相册。

你会发现，清除这些冗余的信息后，生活不仅没有变得混乱，反而更缓慢、更温柔。

来和大鼻头狗一起打扫房间吧！

请选择你的装备！

A. 灰尘消失器

B. 强力清洁剂

C. 收纳万物箱

D. 普通垃圾袋

收纳乱乱的小物品，回忆因整理而闪闪发光！

扫除灰尘！屋子和脑子都要勤打扫！

擦窗、擦地板、擦餐具，
干净又卫生！
嗞嗞
被子有储存阳光的能力！
好好休息一下吧！
全收拾好啦！
我好厉害！
阳光的
味道！

6 告诉清洗地毯、修牛蹄的，今天先不过去了

“象征性重启”

不知道从哪一天开始，网络上逐渐流行起了一种十分“治愈”的视频——洗地毯，修牛蹄。一开始“战损风”的地毯和牛蹄，经过一道道清理工序之后，竟然神奇地展露出原本的模样。

网友们偶尔刷到这类“治愈感”满满的视频，很容易就陷入其中。**似乎自己心里埋藏许久的陈旧之地，被涤荡得平静、安然，就像高压水枪冲走地毯上的顽固泥块。**

这一类视频就被归类为解压视频。

但比起这些视频所带来的那种一时的爽感，整理类视频的解压来得更彻底。

冰箱里整整齐齐地排列着牛奶、纯净水、新鲜的蔬菜，

分门别类，色彩缤纷；橱柜里的衣物按照季节或颜色、长短悬挂，不用再费力地寻找。每次观看这类视频的时候，不仅心情会跟着愉快很多，也能学到一些日常生活中能够使用到的整理技巧。

认知负荷理论认为，杂乱的环境会增加人的思维认知负荷，让身处环境场中的人，难以集中注意力去思考和决断。这种时刻，我们需要一种名为“象征性重启”的心理暗示。

整理房间、过年时置办年货回家、搬家大扫除，物理环境的改变或象征新的一年开始的事情，会让人产生一种“生活从此刻开始变好”的期待感。

在往后的日子里，我们也可以学着视频中的样子，把房间整理得井井有条。**当一个人可以使屋子始终保持整洁的模样，那就说明，他仍旧保有着对生活的热爱和期待，始终相信，明天仍旧是值得庆祝的一天。**

第三十九天重启人生挑战

需要提醒的是，观看解压视频只能缓解压力，不能解决问题。现实中的困扰最终还是要回到现实中解决。

好像到了我们说再见的时候啦。
你喜欢怎样告别呢？
在春光烂漫的时候，为你折一枝柳，带去我长长的牵挂。
像大侠一样选择在雨夜悄悄离去，自此山高水阔，江湖再逢君。

就送到这个路口吧，回去路上注意安全！
你的前方也一直
充满光明！
假如再也不能见到你，
那祝你早安，
午安，
晚安。
可我哪种告别
都不喜欢！
可不可以不要
告别？

亲爱的小狗，告别是必经的过程。
但爱，不会因离别而减少。
也许我们会像风一样，重逢在时空的某个角落，
在那之前，我们都要照顾好自己哟！

说了这么多，所以你以后就不再看我们的更新了吗？
清洁王
收纳家
嗯……
因为一看就停不下来，只好戒断了……

好吧，我正要更新超长解压收纳合集，看来要等新观众了。
我也要更新栏目《修复百年老宅》，不知道有没有人看呢……

我回来了！

写在最后

大鼻头狗！好巧啊！在这里遇到你啦！
你好你好……
请问你是？
我是大鼻头狗系列的作者，你和你的世界都是我创造出来的！
喂！你那是什么眼神啊！看到你的创造者不应该更激动点吗！
哦。

好神奇的相遇啊！我们一起走一段路吧！
你有什么想顺便问我的吗？
香香鸡腿小
我想知道，你为什么创作出了我呢？我存在的意义是什么呢？
哇！一开始就聊如此深刻的问题吗？
我好好想想怎么回答……
大鼻头狗！好久不见！
那是很普通的一天，你突然出现在我的画笔下：大大的鼻头，土土的毛色，那一瞬间，我想你就是我独一无二的小狗！

我要怎样才能让你的形象更丰满呢？
一开始，我用自己的生活来填充你。

可是，随着我不断描绘你，我发现仅仅让你体验一次我的生活，对你来说远远不够。
因为你是一只永远自由的、
拥有更多可能性的、
奇迹一般的小狗。

你可以在宇宙中穿梭，
可以成为传说中的大侠。

你可以没有任何顾虑地
大哭一场，然后振作起来，
重新踏上冒险之路……

你有无数种过去、现在与未来，
这是多么美好的事情呀！

所以我觉得，你存在的意义，就是
为爱着你的人，带来更多幻想与可能

你可以开心地运动，
和朋友一起吃吃喝喝。

我也会让你慢慢摆脱我，不让我糟糕的生活和性格影响你……
请不要这样说你自己！
你很优秀！
你也是我独一无二的作者！

我来自于你的生活，
也来自于千千万万个与你产生共鸣的朋友。
是你把平凡生活中的点滴收集起来，
塑造成了我，让我成为一名
普通又幸运的小狗，与大家
相遇在此时此刻。
希望你可以通过描绘我，
获得持续创造的快乐；
也希望你可以通过我，与世界
上更多人建立联系，拥有向远处
出发的勇气。

谢谢你，大鼻头狗。我们一起努力，好好生活！
嗯嗯！一起加油！
我要到家啦，下次再见吧！
下次再见！拜拜！